Arena-Taschenbuch
Band 1827

Anna Jürgen
(d. i. Anna Müller-Tannewitz) wurde 1899 im Rheinland geboren und starb 1988. Nach dem Studium der Germanistik, Zeitungswissenschaft und Völkerkunde arbeitete sie als Bibliothekarin in Berlin. Im Rahmen ihrer Beschäftigung mit Völkerkunde erkundete sie auf ausgedehnten Reisen durch die USA die indianische Geschichte.

Anna Jürgen

Ogla
und ihr Pony

**Mit Bildern von
Hauke Kock**

Arena

In neuer Rechtschreibung

1. Auflage als Arena-Taschenbuch 1997

Die gebundene Ausgabe erschien
unter dem Autorennamen Anna Müller-Tannewitz
Reihenkonzeption: Karl Müller-Bussdorf
Umschlagillustration: Gertraud Funcke
Innenillustrationen: Hauke Kock
Gesamtherstellung: Westermann Druck Zwickau GmbH
ISSN 0518-4002
ISBN 3-401-01827-2

Inhalt

Der Präriebrand

Die späte Sommersonne schickte ihre heißen Strahlen noch einmal hinunter auf das große Grasland. Sie brannten auf den braunen Rücken einer Frau, die in dem gelben Gras kniete. Mit einem spitzen Knochen grub die Indianerin nach Wurzeln. Jetzt sah sie zu ihrer Tochter hinüber. »Ogla, grabe, grabe und guck nicht so viel herum! Es kommt kein Gewitter. Aber der Winter und die nächste Hungerzeit kommen bestimmt! Wir können gar nicht genug Wurzeln und Beeren trocknen!«
Ogla antwortete nicht. Jetzt schaute die Mutter sich selbst um. Und da sah sie, weshalb ihre Tochter die Arbeit unterbrach. Ein großer Junge kam angeritten. Er stieg ab und fragte: »Darf Ogla mir helfen Kräuter zu pflücken? Ich muß auch noch nach Pokewurzeln graben. Wir brauchen eine Menge roter Farbe zum nächsten Tanzfest.«

Die Frau nickte. »Es sei. Ogla kann dir helfen. Rote Farbe ist nötig.«
Freudig sprang Ogla auf. Sie fuhr sich mit der Hand über das schwarze Haar und drückte ihre Zöpfe an die Ohren. Die langen Flechten fielen über ihre Brust bis hinunter zu dem Lederrock um ihre Hüften.
Die Mutter wagte nicht nein zu sagen, denn es war Gelber Hirsch, der fragte. Und Gelber Hirsch war der halb erwachsene Sohn des Medizinmannes.
Der große Junge hob Ogla auf sein Pony, faßte die Zügel und rief: »Los, Schneller Pfeil!«
Ogla lachte. »Warum heißt dein Pony eigentlich Schneller Pfeil? Es geht doch so langsam wie eine Schnecke!«
»Nun, in seiner Jugend war es das schnellste Pferd weit und breit. Jetzt ist es alt und braucht nur wenig Futter. Deshalb hat es auch den letzten Hungerwinter überlebt.«
»Und weil du deine Maisfladen mit Schnellem Pfeil geteilt hast. Du hast es mir selbst erzählt, nicht wahr?«
Gelber Hirsch schwieg. Das bedeutete so viel wie ja.
Auf dem nächsten Hügel stieg Ogla ab. Schneller Pfeil wurde angebunden und Gelber Hirsch holte aus seiner Packtasche zwei kleine Spaten aus Eisen. Er hatte sie bei den Weißen gegen Felle eingetauscht. Ogla nahm einen Spaten in die Hand.
»Die sind aber viel schwerer als unsere Grabstöcke aus Knochen!«
»Dafür gehen sie leichter und tiefer in den Boden und brechen auch nicht ab.«

Gelber Hirsch machte es vor. Mit der ausgeworfenen Erde holte er eine Pokewurzel heraus. Die roten Beeren hatte das hohe Gras völlig verdeckt. Ogla riß das Gras aus und meinte: »Du mußt erst das wuchernde Zeug ausrupfen! Dann siehst du, wie viele Poke hier stehen!«
Gelber Hirsch stieß einen Freudenschrei aus und machte sich eifrig ans Graben. Bald hatte er einen Berg von Pokebeeren und Wurzeln zusammen.
Ogla suchte inzwischen nach Kräutern. Sie fand aber nur wenige. Plötzlich schreckte sie ein fernes, fremdes Geräusch empor. Es klang wie ein stoßweises Prusten und Schnauben: »Puff, puff, puff!«
»Was ist das? Hör nur mal! Es schnauft wie ein Ungeheuer.«
Gelber Hirsch richtete sich auf und lauschte nach allen Himmelsrichtungen. Von irgendwoher am Horizont kam dieses sonderbare Schnauben.
»Der Wind weht von Sonnenaufgang. Das ist sicher der neue Eisenwagen, für den die Weißen eine Straße bauen. Sie legen zwei eiserne Bänder in den Boden, darüber rollt dann der Wagen und macht puff, puff, puff.«
Die beiden lauschten. »Warum schnaubt er denn so laut? Wird er nicht von Pferden gezogen?«, wollte Ogla wissen.
Gelber Hirsch zuckte die Achseln. »Nein, er läuft ganz von allein.«
Ogla machte ein ungläubiges Gesicht. »Von allein? Wie ist das möglich?«
»Ja, das weiß mein Vater auch nicht. Aber er hat es gesehen. Vorn war ein besonderer Wagen vorgespannt,

der stieß schwarzen Rauch aus und schnaubte und zog die Wagen hinter sich her.«

Gelber Hirsch grübelte eine Weile. »Im nächsten Frühjahr soll der Eisenwagen schon bis an das Soldatendorf gehen.«

»Bis an das Soldatendorf?« Ogla wurde es unheimlich.

»Komm, wir wollen eine Stelle suchen, wo es mehr Kräuter gibt.«

»Gut«, sagte Gelber Hirsch und verstaute seine Wurzeln in einer Packtasche. Er löste Schnellen Pfeil von der Fessel und hängte die Tasche an den Sattel. Dann ergriff er die Zügel und einträchtig zogen die drei durch die gelbe, dürre Prärie. Das Schnauben hinter ihnen verstummte.

Auf einmal blieb Ogla stehen: »Hier riecht es nach Salbei!« Dann faßte sie Gelben Hirsch am Arm und flüsterte leise: »Sieh mal da! Präriehunde! Sie bellen leise! Hörst dus?«

Zwei junge Tiere liefen aufrecht aufeinander zu und begrüßten sich zärtlich. Sie rieben die Nasen aneinander und streichelten sich die Wangen. Da ertönte ein schriller Pfiff. Der Wachhund hatte ein Signal gegeben. Die beiden Kleinen ließen sich fallen und rollten einen kleinen Abhang hinab. Dort verschwanden sie in einem Loch. Auch den Wachhund, der gerade noch Männchen gemacht hatte, schien die Erde verschluckt zu haben.

»Sie haben uns gewittert«, stellte Gelber Hirsch fest. »Die jungen Tiere haben ihr Stübchen – weich gepolstert mit Gras – unter dem Ausstiegsloch. Der Wachhund wohnt gleich unter dem Eingangsloch.«

»Das habe ich selbst gesehen, als wir im vergangenen Winter die Baue der schlafenden Tiere nach gehamsterten Körnern und Beeren absuchen mußten.«
»Komm, wir laufen dorthin. Wo Präriehunde wohnen, gibt es immer ein Menge Kräuter und Wurzeln. Aber langsam und vorsichtig gehen. Der Boden ist hier wie zersiebt von Löchern; lauter Ausgänge und Eingänge zu den Höhlen der Präriehunde.«
»Sieh nur, was hier alles wächst. Die Nager suchen sich immer die besten Stellen aus.«
Gelber Hirsch sog die Luft ein. »Ja, es riecht wirklich nach Salbei!«
Eifrig bückten sich die beiden. Schneller Pfeil schlenderte hinter ihnen her.
Lange Zeit sammelte Ogla ihre Kräuter, während Gelber Hirsch Wurzeln und Rüben ausgrub. Die Packtaschen füllten sich. Als sie wieder einen Hang hinaufstiegen, meinte Gelber Hirsch: »Hinter diesem Hügel kommt der Milchfluß.«
Als Ogla oben ankam, sah sie den Spiegel des Flusses heraufleuchten. »Der fließt nahe am Soldatendorf unserer Schule vorbei. Unser Lehrer hat gesagt, das Wasser sähe so weiß aus, weil es durch Kreide fließt!«
Gelber Hirsch schwieg und spähte zum Himmel. Der hatte sich mit einem grauen Wolkenschleier bezogen. Oglas scharfe Augen blickten hinüber in das trockene flache Grasland jenseits des Flusses.
»Sieh nur, wie viele Tiere da laufen! Antilopen, Büffel, Rehe und da sogar ein Bär! Sonst sieht man doch nie so verschiedene große Tiere zusammen. Was haben die nur?«

Gelber Hirsch brauchte keine Antwort zu geben, denn beide sahen plötzlich eine Reihe weißer Pünktchen am Horizont tanzen. Unversehens wurden die Pünktchen tief rot und verwandelten sich in eine breite Flammenwand.
Ogla erschrak. »Das Grasland brennt! Ob das Feuer auch hierher kommt?«
Gelber Hirsch warf sich in die Brust. »Keine Sorge, über den breiten Fluß kommt es nicht. Deswegen laufen ja alle Tiere hierher, denn hier können sie am leichtesten über das Wasser. Es gibt kaum Schilf auf beiden Ufern!«
Mit aufgerissenen Augen sah Ogla, wie immer mehr Tiere sich ins Wasser warfen und herüberschwammen. Kaum waren sie auf dieser Seite angelangt, da eilten sie davon. Um Ogla und Gelben Hirsch kümmerten sie sich nicht.
Einmal konnte Ogla einen Hirsch fast mit der Hand berühren, so nahe rannte er vorbei. Sie sah Hasen, Füchse, Luchse, Wölfe, Bären. Alle hatten große Eile und jeder verschwand sofort in der Weite der Prärie.
Plötzlich schrie Ogla auf. Sie deutete auf die andere Seite. »Da. Da läuft eine Frau!«
Gelber Hirsch fuhr zusammen. Da lief wirklich eine Frau mitten unter den Tieren, ein Baby an die Brust gedrückt. Jetzt stand die Frau am anderen Ufer und hob hilfesuchend den Arm.
»Ich hole das Kanu, das weiter oben im Ufergebüsch liegt«, schrie Gelber Hirsch und rannte davon.
Ogla sprang zum Fluß hinunter. Unten stand sie einen Augenblick unschlüssig da. Viel Zeit war nicht zu verlie-

ren. Die Luft schwirrte schon von verkohlten Teilchen. Das Brausen der Flammen war deutlich zu hören.
Die Frau rief etwas. Ogla verstand kein Wort. Der Feuersturm tobte schon zu nahe. Das Mädchen blickte sich um. Gelber Hirsch war nicht zu sehen. Da warf Ogla ihren Lederrock ab, stürzte sich ins Wasser und schwamm hinüber. Triefend kletterte sie ans andere Ufer.
»Gut, dass du kommst. Ich habe mir den Arm verrenkt. Muß mit den Beinen das Wasser treten.«
Ogla verstand sofort. Mit dem Kind auf dem Rücken konnte die Mutter das andere Ufer nicht erreichen, denn sie mußte ja selbst auf dem Rücken schwimmen.
»Komm nur«, sagte Ogla. »Ich machs schon.« Sie legte sich ins Wasser und spürte, wie die Frau ihr das Kind auf den Rücken setzte. Winzige Händchen klammerten sich an ihrem Hals fest. Dann griff sie mit den Armen aus und stieß sich vom Ufer ab.
Mit kräftigen Stößen zerteilte sie die Flut. Weiter oberhalb setzte ein Rudel Hirsche über den Fluß. Ogla hörte die Geweihe aneinander klappern. Neben ihr schwamm ein kleiner schwarzer Bär. Aber sie hatte keine Angst. Die Tiere wollte ja nur ihr Leben retten und kümmerten sich um nichts anderes.
Als sie sich der anderen Seite näherte, kam ihr Gelber Hirsch entgegengeschwommen. »Es war kein Kanu da«, rief er. Sobald sie Boden unter den Füßen hatten, nahm er ihr das Kind ab und half ihr das Ufer zu erklettern. Wenige Augenblicke später kam auch die Mutter.

»Seid bedankt«, sagte sie und griff nach ihrem Baby. »Doch jetzt müssen wir hier weg. Es wird zu heiß.«
Die Luft fauchte wie aus einem Backofen vom anderen Ufer herüber. Eilig kletterten sie den Hang hinauf. Gelber Hirsch pfiff nach Schnellem Pfeil, der langsam angetrabt kam.
»Ich wollte das Oglala-Dorf am Milchfluß besuchen, dabei geriet ich in den Brand. Da wohnt eine Schwester von mir. Sie heißt Zitternde Espe.«
»Zitterespe«, rief Gelber Hirsch. »Dann kannst du gleich mit uns kommen. Zitterespes Zelt steht in unserem Dorf.«
Ogla und Gelber Hirsch kannten Zitternde Espe ganz genau. Ogla sagte: »Mein Großvater nennt sie nur den ›Herold‹.«
Gelber Hirsch stieß sie an: »Still!« Er wußte, dass der Großvater Zitterespe diesen Spitznamen gegeben hatte, weil sie alle Neuigkeiten im Dorf herumtrug. Eigentlich mußte der echte Herold die neuen Nachrichten im Dorfe ausrufen, im Auftrag des Häuptlings. Aber meistens war Zitterespe schon vorher von Zelt zu Zelt gelaufen und hatte alles herumgetratscht.
Jetzt stieß Ogla Gelben Hirsch in die Seite. »Nun haben wir endlich auch einmal eine Neuigkeit«, flüsterte sie lachend. »Zitterespe weiß nicht, dass ihre Schwester kommt und dass wir ihr Baby über den Fluß geholt haben. Ist das nicht gut?«
Gelber Hirsch lächelte. Aber dann wurde er ernst. »Nicht wir haben das kleine Kind über den Fluß geholt, sondern du bist den Hang so schnell hinuntergelaufen und hast es

gerettet. ›Flinkes Wiesel‹ sollte man dich nennen. Ich werde beim Tanzfest diesen Namen für dich vorschlagen.«
Ogla wurde rot vor Freude. Einen zweiten Namen hatte sie sich schon immer gewünscht.
Langsam ging es heimwärts. Die wabernde, heiße Luft machte das Atmen schwer. Von dem verhangenen Himmel fiel immer noch Staub. Das verkohlte Grasland schickte seinen Brandgeruch auch über den Fluß.
Ogla sah die leuchtenden Zelte des Heimatdorfes immer deutlicher. Die Kochfeuer schimmerten mit ihrem warmen gelben Licht durch die ledernen Zeltdecken. Welches Glück! Das Feuer hatte den Fluß nicht überspringen können. Ein Gefühl der Geborgenheit überkam sie.

Im Zelt des Medizinmannes

Lautes Reden unterbrach die nachmittägliche Stille. Immer mehr Oglala strömten zum Dorfplatz. Dort hockten sie sich nieder und teilten einander ihre Aufregungen und Sorgen mit.

Als die drei Heimkehrenden den Dorfplatz erreichten, schrie eine Frau laut auf und stürzte ihnen entgegen. »Meine Schwester! So eine Überraschung! Wo kommst du denn her? Ich habe ja gar nicht gewußt, dass du mich heute besuchst. Ich habe geglaubt, du seiest zu Hause, und fürchtete, ihr wäret alle verbrannt. Nein, so eine Überraschung!«

Die Frau war Zitternde Espe. Ihre Schwester begann sofort von dem Brand und ihrer Rettung zu erzählen, aber Zitterespe ließ sie gar nicht zu Wort kommen. »dass ihr gerettet seid, sehe ich, sonst wäret ihr nicht hier«, meinte sie lachend und nahm ihrer Schwester das Baby ab.

»So nackt!« Sie tätschelte das kleine Kind und zeigte es überall herum. »So eine zarte, helle Haut! Ist noch nicht mit roter Salbe eingerieben. Kann ja einen Sonnenbrand bekommen!«

Sie nestelte an ihrer Tasche, zog ein Tuch heraus und wickelte das Baby hinein.

Es war, als hätte Zitterespe die Sonne hervorgelockt, denn kräftige Windstöße fegten nun die dunklen Rauchschleier vom Himmel und die Sonne schien so heiß wie am Mittag.

Zitterespe redete noch, als Gelber Hirsch mit Ogla und dem Pony längst fortgegangen war.

Plötzlich gab es für die drei kein Weiterkommen mehr. Dicht gedrängt standen die Dorfbewohner um einen Jungen, der laut redete und mit den Händen in der Luft herumfuhr.

»Das ist Tolles Pferd, der Häuptlingssohn«, sagte Ogla.

»Ja, der muß immer Reden halten«, murmelte Gelber Hirsch. »Weil er so groß und dick ist, glauben viele, er sei schon erwachsen.«

»Ihr sagt, natos, die Sonne, habe den Brand gemacht«, klang die Stimme von Tollem Pferd. »Ich weiß es besser. Als ich heute früh den Eisenwagen der Weißen so schnaufen hörte, bin ich ihm entgegengeritten.«

»Entgegengeritten? Er ist ihm entgegengeritten«, staunten die Zuhörer. »Das war mutig!«

Tolles Pferd schien die Worte gehört zu haben, denn mit stolzer Miene fuhr er fort: »Dicht an mir ist der Feuerzug vorbeigeschnauft. Funken sprühend! Zum Glück trieb der Wind die Funken von mir fort auf die andere Seite. Ich

sah, wie sie in das trockene Gras fielen und zu Flammen aufloderten. Die Weißen sahen es auch und wollten das Feuer löschen. ›Präriebrand‹ riefen sie laut. Bald schrien immer mehr Menschen ›Präriebrand! Präriebrand!‹ Die weißen Händler, die in der Nähe wohnen, rannten aus ihren Holzhäusern um ihr Leben zu retten.«
»Ich habe gehört, das Soldatendorf soll auch verbrannt sein«, unterbrach ihn ein Mann aus der Menge.
»Das wäre schön«, meinte Tolles Pferd. »Aber ich glaube es nicht, denn das Soldatendorf liegt doch auf der anderen Flußseite«, fügte er nachdenklich hinzu.
Da ertönte plötzlich die Stimme von Zitterespe. »Das weiß ich ja noch gar nicht! Das Soldatendorf soll abgebrannt sein! Leute, habt ihr es gehört? Das Soldatendorf mit dem Handelshaus und der Schule! Kinder, habt ihr gehört? Eure Schule ist abgebrannt. Da könnt ihr euch freuen!«
Jetzt schaffte sich Tolles Pferd wieder Gehör. »Ihr wisst ja, dass nur der erste Wagen des Feuerzuges aus Eisen ist, die anderen sind aus Holz. Die müssen wir verbrennen. Der Feuerzug darf nicht bis in unsere Jagdgründe kommen!«
»Huch, huch«, stimmten die Männer zu.
In diesem Augenblick sagte Gelber Hirsch zu Ogla: »Warte hier auf mich, ich bringe inzwischen Schnellen Pfeil fort.«
Ogla blieb stehen. Auf einmal sah sie ihren Großvater neben sich. Die beiden tauschten einen liebevollen Blick miteinander, sagten aber kein Wort, denn plötzlich herrschte lautlose Stille.

Im Schein der Nachmittagssonne kam der Häuptling durch den Ortseingang des Zeltdorfes. Nur Zitterespe konnte es nicht lassen, von einem zum anderen zu schleichen. Sie flüsterte: »Hab ich es nicht schon heute Mittag gesagt: Es gibt noch vor dem Abend eine Ratsversammlung. Der Häuptling trägt schon sein Stirnband mit den Adlerfedern!«
Der Häuptling schien es jedoch nicht besonders eilig zu haben. Er holte seine Pfeife hervor und füllte sie. Dann versuchte er Feuer zu schlagen. Doch sooft er es auch probierte, es gelang ihm nicht, weil seine Hände zu sehr zitterten.
Zitterespe, die gerade neben Ogla stand, flüsterte: »Er hat wieder getrunken, von dem Feuerwasser der Weißen, deswegen kann er seine Hände nicht still halten!«
Ogla stieß ihren Großvater an. Sie wußte, dass er ein Zauberfeuerzeug von den weißen Händlern hatte. Der Großvater begriff. Er trat zu dem Häuptling und bat ihn um die Pfeife. Dann zog der alte Mann sein Sonnenglas aus der Tasche und hielt es so über die Pfeife, dass es den Tabak berührte. Als er den Brennpunkt eingestellt hatte, tat er ein paar Züge. Siehe da: Der Tabak glimmte. Der Großvater gab dem Häuptling die brennende Pfeife zurück.
Die Umstehenden trauten ihren Augen nicht und stießen Laute des Erstaunens aus. Sie hoben ihre Arme hoch und umkreisten den Großvater. Einige schrien und sprangen um ihn herum, als seien sie toll geworden. Sie rissen dem Häuptling, der eifrig rauchte und dazu betete, die Pfeife

aus der Hand. Jeder wollte daraus rauchen. Dabei riefen sie laut: »Natos, Sonne.«

Nun näherte sich auch Tolles Pferd dem Großvater und rief ihm zu: »Du bist ein großer Zauberer, du mußt die Holzwagen des Feuerzuges anzünden, du . . .«

Erschrecken malte sich auf dem Gesicht des alten Mannes. Er drehte sich um und ging. Ogla folgte ihm. Vor dem Medizinzelt wartete schon Gelber Hirsch. Er hatte die letzten Worte von Tollem Pferd gehört.

Jetzt hielt er den Eingang des Tipis für den Großvater und Ogla auf.

Bald danach betrat auch der Häuptling das große heilige Zelt in der Mitte des Dorfplatzes.

Ogla half Gelbem Hirsch den Inhalt der Packtaschen in das Zelt zu tragen. Die Kräuter wurden gebündelt und an den Wänden aufgehängt. Ein kleines Feuer erhellte den Raum. Ogla sah den Medizinmann und seine beiden Gäste um das Feuer sitzen.

Wenn die Männer auch leise sprachen, so verstand Ogla doch jedes Wort. Der Häuptling saß zur Rechten des Medizinmannes, dem Eingang gegenüber. Er begann: »Die Weißen sagen, die Feuerbahn sei nötig. Damit würden sie auch für uns Waren heranschaffen: Mais, Mehl, Grütze, Wolldecken und vieles andere. Ich aber sage, sie haben von ihren Wagen aus unsere Büffel abgeschossen und ganze Herden verjagt.«

Jetzt vernahm Ogla die Stimme des Medizinmannes. »Du hast recht. Wir haben früher ruhiger gelebt. Der Büffel gab uns alles, was wir nötig hatten: sein Fell für Kleidung und Decken, seine Lederhaut für unsere Tipis und Boote, seine Sehnen für Schnüre und Garn, seine Knochen für Nadeln und Haken. Er gab uns so viel Fleisch, dass wir es allein nicht essen konnten. Wir tauschten es gegen Mais, Tabak und Bohnen mit den Pani.«

Einige Lichtstrahlen huschten über das Gesicht des Mannes und verklärten es.

Stille trat ein, denn alle drei dachten an die vergangenen Zeiten ihres Stammes.

Das Feuer gab immer helleres Licht. Ogla entdeckte eine Frau, die auf einer Matte an der Zeltwand saß. Es war Kleine Bärin, die Frau des Medizinmannes. »Setze dich zu mir, meine Tochter«, sagte diese.

Ogla hockte sich neben die Frau und fragte: »Darf ich helfen?«

»Ja, du kannst die fertige rote Salbe in die kleinen Schachteln füllen.« Dabei zeigte Kleine Bärin auf einige Birkenschächtelchen und eine mit Salbe gefüllte Holzschüssel neben sich auf dem Boden.

Alle lauschten den Reden der Männer. Wieder erhob der Häuptling seine Stimme. »Nun hat das Feuer unsere nahen Jagdgründe verwüstet. Schlimme Monate werden kommen. Auf die Weißen können wir uns nicht verlassen. Ich habe im letzten Hungerwinter mit eigenen Augen gesehen, wie sie den für uns bestimmten Mais an ihre Hühner verfütterten.«

»Einige junge Männer wollen mit ihren Familien fortziehen«, warf Oglas Großvater ein. »Wir müssen uns jetzt entscheiden, ob wir hier bleiben wollen.«

Ogla sah in das stark zerfurchte Gesicht des alten Mannes. Seine rot geränderten Augen wanderten fragend von einem zum anderen.

»Fortziehen«, wiederholte der Häuptling. »Vor zwei Wintern wäre das noch gegangen, aber jetzt, wo wir nur noch wenige Pferde haben? Wer sollte unsere langen Stangen und die schweren Zeltdecken tragen?«

Der Medizinmann gab keine Antwort. Er schien immer noch seinen Erinnerungen nachzuhängen. »Früher, als unsere Zelte klein waren«, meinte er schließlich, »besorgten die Hunde den Umzug und schleppten fast alle Lasten. Früher waren unsere Ansprüche noch klein, doch wir hatten große Häuptlinge. Wenn ich an Schwarzen Hirsch und an Rote Wolke denke! Rote Wolke wußte, dass ein neuer Krieg das Ende unseres Volkes bedeutet hätte, und er gab besseren Rat als die Wagen der Weißen anzuzünden. Tun wir das, dann wäre unser baldiges Ende da. Wer kann uns nur raten, was wir jetzt tun sollen?«

Dem Häuptling wurde es unbehaglich. Er wußte keine Antwort. Plötzlich erhob er sich und wandte sich dem Ausgang zu. Der Medizinmann begleitete ihn hinaus und kehrte dann zu Oglas Großvater zurück.

Kleine Bärin hatte inzwischen noch andere Farben gemischt. In den größeren Schachteln war rote Salbe zum Einreiben als Schutz gegen Mückenstiche und Sonnenbrand, in den kleineren Gefäßen leuchtete rote, grüne, schwarze und blaue Farbe zum Anmalen. Ogla durfte sich als Geschenk für ihre Hilfe von allem etwas mitnehmen. Sie blieb so lange sitzen, wie der Großvater sprach.

»Wenn wir hier bleiben, müssen wir rechtzeitig für Vorräte sorgen«, sagte er gerade. »Wir müssen die Weißen überlisten. Sie betrügen uns ständig beim Tauschhandel. Ich habe gehört, dass neue Handelsherren gekommen sind. Vielleicht können wir ihnen unsere Sommerfelle aufreden. Ich sage, wir müssen sie überlisten.« Nach diesen Worten erhob sich der Großvater und Ogla folgte ihm.

Draußen war es stockfinster. Der Abendwind hatte den Mond und die Sterne mit dunklen Schleiern verhüllt.

Ogla fragte: »Großvater, was heißt ›überlisten‹? Wie macht man das?«

»Das kann ich so genau nicht sagen. Vielleicht kommt mal eine Gelegenheit, wo man die Weißen täuschen kann.«

Bei der Eisenbahn

Als Ogla am nächsten Morgen vor das Zelt trat, sah sie Zitterespe, die beim Nachbarn die Eingangsklappe hob und ins Tipi hineinrief: »Tolles Pferd ist heimlich noch vor Morgengrauen fortgelaufen. Keiner weiß, wohin. Von mir hat er sich Holzkohle geholt, daher weiß ich es. Aber ich habe keine Ahnung, was er vorhat!«

Jetzt ließ Zitterespe die Lederklappe fallen und ging zu Ogla, die gerade ihren Schulweg antrat.

»Meine Schwester hat mir erzählt, dass du ihr Baby gerettet hast. Mit so einem kleinen Kind auf dem Rücken, das man ja noch mit einer Hand festhalten muß, ist das Schwimmen nicht leicht. Du bist ein tüchtiges Mädchen. Deine Mutter soll sich nicht beklagen, weil sie keinen Sohn hat. Ich habe dich immer für zu zart und schwach gehalten . . .«

»Ich muß laufen, sonst komme ich zu spät in die Schule«,

entschuldigte sich Ogla. Sie rannte, so schnell sie konnte. Als sie sich noch einmal umdrehte, sah sie Zitterespe im nächsten Zelt verschwinden.
Die Sonne stieg höher und höher, aber es ging kein Wind und der Brandgeruch hing immer noch in der Luft. Je näher Ogla dem Milchfluß und dem Soldatendorf kam, um so unangenehmer roch es. Viele Tiere mußten verbrannt sein.
Zum Unterricht waren nur wenige Kinder erschienen. Der Lehrer schrieb einige Rechenaufgaben an die Tafel. Immer wieder wurde er gestört. Zuspätgekommene erzählten ihre Erlebnisse und das Wort »Präriebrand« geisterte durch den Schulraum.
Auf dem Nachhauseweg traf Ogla ihren Großvater. Die Mutter erwartete die Ankommenden vor dem Zelt.
»Was bringt ihr mit? Ich habe nichts zu kochen!«
»Ich habe kein lebendes Tier gesehen. Hier in der Nähe ist nichts mehr zu holen«, antwortete der Großvater.
Ogla nahm dem Großvater die Jagdtasche ab und die Mutter zog ein paar halb verkohlte Präriehühner heraus.
»Ich werde am besten gleich fischen gehen«, entschuldigte sich der alte Mann.
»Ja, Fische. Fische esse ich gern«, rief Ogla. »Und ich habe schon großen Hunger!«
»Die Fische könnt ihr gleich am Fluß braten. Ich mag sie weder riechen noch essen«, antwortete die Mutter.
Drinnen im Zelt standen Kürbisschalen mit Wasser. Der Großvater und Ogla stillten ihren Durst. Dann gingen sie hinaus und ritten auf der braunen Stute davon.

Der Himmel bezog sich und die Sonne verbarg sich hinter Wolkenschleiern. »Es ist so drückend, wir bekommen ein Gewitter«, meinte der Großvater.
Bald lief der Stute der Schweiß aus allen Poren und den Reitern ging es ebenso. Ogla sprang zuerst vom Pferd. Bei einem Bach stieg auch der Großvater ab. Zu dritt kühlten sie sich im klaren Wasser, das sich nach einigen Schritten in den Milchfluß ergoss.
Die große Schleife, die der Fluß um das Indianerdorf zog, war hier zu Ende. Er floss jetzt wieder nach Sonnenaufgang, dorthin, woher die Weißen gekommen waren und wo man jetzt die Eisenbahn baute.
Am Soldatendorf machte der Milchfluß seinem Namen noch Ehre, doch in dieser sumpfigen Wiese verlor er seine Farbe.
Hier war der Platz, wo es die meisten Fische gab. Am Ufer stand ein Holzgestell um sie zu braten.
»Da brennt ja noch ein Feuer«, rief Ogla erfreut.
»Sammle nur Holz! Ich gehe mit dem Speer ins Wasser, da kommt gerade ein Schwarm Fische«, antwortete der Großvater.
Ogla ging am Ufer entlang und sammelte dürre Zweige. Was in der Nähe lag, trug sie sogleich zum Feuer. Als sie dann weitergehen wollte und gerade einen Ast aufnahm, stutzte sie. Hinter einem Baum sah sie jemand sitzen. Ogla erblickte nur den Hinterkopf und ein Stück vom Rücken. Ein Junge kaute eifrig und warf abgelutschte Fischgräten fort. Als er sich zur Seite drehte, erkannte Ogla den Burschen: Es war Tolles Pferd. Der

hatte also auch Fische gefangen und sie hier gebraten. Daher das noch brennende Feuer unter dem Gestell!

Als Ogla mit ihrem Großvater auf dem Boden hockte und die Fischgräten im Sand neben sich begrub, sagte sie: »Tolles Pferd war auch hier. Eben ist er fortgelaufen. Nicht weit von dieser Sumpfwiese muß doch die Haltestelle der – der . . .«

». . . der Eisenbahn sein«, ergänzte der Großvater.

»Ja, das meine ich. Gesehen habe ich sie noch nie.«

»Na, dann wollen wir mal hinreiten. Es ist nicht weit. Vielleicht stehen noch Wagen da.«

Sie ritten den Milchfluß entlang, bis er die letzte Schleife machte und geradewegs nach Sonnenaufgang floß. Dann bogen sie auf einen großen, langen Platz ein. Vorn standen einige Pferdegespanne.

»Dahinter siehst du schon die Eisenbahn«, flüsterte der Großvater, hielt seine Stute einen Augenblick an und ließ sie dann langsam näher gehen. Man sah, wie Säcke, Körbe und auch Möbel von den Pferdewagen in die hölzernen Bahnwagen hinüberwechselten. Aus den mittleren Waggons schauten einige Weiße heraus.

»Wenn ich nicht sehr irre«, überlegte der Großvater, »sind das die alten Handelsherren aus dem Soldatendorf. Wollen sie etwa fortfahren?«

»Deshalb wird wohl so viel Gepäck eingeladen«, meinte Ogla.

»Ja, das scheint so.«

»Und wo ist der eiserne Feuerwagen?«

»Von dem siehst du nur den Schornstein. Er steht hinter

den Holzwaggons auf einem zweiten Gleis. Im vorigen Jahr hatte die Eisenbahn nur drei Wagen, jetzt sind es fünf. Sie wird immer länger.«

»Und jetzt steigt Rauch aus dem Schornstein, sieh nur, eine ganze Wolke! Wie heißt doch der Feuerwagen, der so viel Dampf und Funken speit?«

»Lokomotive oder Dampfmaschine. In ihrem eisernen Kasten brennt ein Feuer. Darüber hängt ein Wasserkessel. Wenn das Wasser kocht, dann entweicht der überflüssige

Dampf durch den Schornstein. Dabei fliegen auch Funken aus dem Ofen mit.«

»Haben die den Präriebrand verursacht?«

»Das ist möglich.«

»Dann hat Tolles Pferd ja Recht«, antwortete Ogla leise.

»Hier an der Haltestelle brauchst du keine Angst zu haben, da ist das Land feucht und sumpfig. Aber weiter nach Sonnenaufgang zu ist das Land seit langem trocken. Wenn da ein Funken hineinfällt, brennt es lichterloh. Sieh nur, auf der anderen Seite des Flusses ist alles abgebrannt und verkohlt.«

Die letzten Worte verstand Ogla nicht mehr. Ein mächtiger Windstoß erhob sich plötzlich und wirbelte so viel Asche und Staub durch die Luft, dass die Reiter nichts mehr sehen konnten. Mit ein paar Sätzen stürmte die Stute zu den Gleisen um hinter dem letzten Wagen Schutz zu suchen. Dort blieb sie stehen.

»Tiere finden immer die richtige Stelle«, meinte der Großvater, als sie beide abgestiegen waren. »Aber etwas unheimlich ist es mir doch, so dicht bei der Eisenbahn!«

Ogla wischte sich die Augen und antwortete: »In den letzten Wagen hier haben sie nur Möbel eingeladen; Menschen sind da nicht drin.«

Das hatte der Großvater auch gesehen.

Als der Windstoß schließlich nachließ, redete er der Stute gut zu und zog sie am Zügel über das Gleis auf den erhöhten Platz zurück.

Ogla aber blieb wie angewurzelt stehen und starrte unter den Wagen. Der alte Mann mußte sie ermahnen. »Kind, träume nicht! Komm endlich herauf, wir wollen fortreiten. Der Wind hat den Bahnsteig hier leer gefegt, jetzt sieht uns niemand.«

Da endlich sprang Ogla über das Gleis den Bahnsteig hinauf.

Der Himmel wurde immer düsterer. Beim Aufsteigen sah Ogla noch einmal hinunter zu den Wagen. Zwischen den Rädern stieg Rauch empor. Der Großvater sah Oglas erschrecktes Gesicht, fragte aber nicht; denn jetzt kam ein Mann heran, steckte eine Fackel an und leuchtete unter den ersten Wagen.

»Das ist ein Bahnwärter«, erklärte der Großvater.

In diesem Augenblick fing die Lok an zu schnauben und zu pfeifen. Erschreckt bäumte sich die Stute in die Höhe. Ogla mußte ihren Hals umklammern um nicht herunterzufallen. Mit großen Sätzen rannte das Tier davon und blieb unter einem Baum stehen. Der Großvater ließ die Stute gewähren, denn von hier aus sah man genau, was sich auf der Bahnstation zutrug. Der Bahnwärter leuchtete weiter unter die Wagen und die Dampfmaschine fuhr hin und her.

»Da! Da läuft ein Junge fort! Der hat vorhin noch unter dem letzten Wagen gelegen«, rief Ogla aufgeregt.

Doch der Großvater überhörte ihre Worte und erklärte, wie die Dampflok nun von dem zweiten Gleis auf das erste rangiert werden mußte. Dann würde der Mann, der zuvor unter die Wagen geleuchtet hätte, die Maschine an den letzten Wagen ankoppeln.

Aber der Mann kümmerte sich gar nicht mehr um die Lokomotive. Oglas scharfe Augen erkannten, wie er den

Jungen einholte und festhielt. Dann schleppte er ihn auf den Bahnsteig. Deutlich hörte man sein Schimpfen: »Diese verfluchten Indianer, Feuer haben sie unter den Gepäckwagen gelegt!«

In diesem Augenblick fing der Regen an zu prasseln. Trotzdem ließ der Großvater die Stute auf einem weiten Umweg nach Hause traben, denn sie sollte sich beruhigen. Aus der Ferne hörten sie noch einen Pfiff, gefolgt von Prusten und Schnauben. Die Eisenbahn war abgefahren.

Erst im Tipi erzählte Ogla, was sie gesehen hatte. »Ein Junge lag unter dem letzten Wagen und zündete ein Feuer an. Er ist dann über das zweite Gleis gesprungen, gerade bevor die Lokomotive angefahren kam. Gleich darauf hat ihn der Bahnwärter erwischt.«

»Das war sicher Tolles Pferd«, sagten die Zuhörer.

Am nächsten Morgen kam der Häuptling zum Großvater. Die Begrüßung ging schneller als sonst. Der Besucher bat: »Komm mit mir! Du verstehst die englische Sprache besser als ich. Hilf mir. Die Weißen haben meinen Sohn eingesperrt. Wir müssen ihn freibekommen. Lass mich nicht allein und komm mit mir!«

Der Großvater half dem Häuptling gern und beide ritten fort.

Als Ogla abends bei Kleiner Bärin die leeren Salbenschachteln füllte, erschien plötzlich auch Tolles Pferd. Er zeigte seine Hände: Sie waren mit Brandblasen bedeckt. Kleine Bärin bestrich die Wunden mit Salbe. Tolles Pferd bedankte sich und verschwand wie der Blitz. Er hatte wohl Angst vor Fragen.

»Gekrümmter Pfad«

Wie die anderen Indianerkinder spielte auch Ogla gern »Gekrümmter Pfad«. Dabei stellten sich die Jungen und Mädchen hintereinander auf, die größeren vorn und die kleineren hinten. Ogla, die Kleinste, kam an den Schluß der Reihe.

Anführer war Tolles Pferd, der Häuptlingssohn. Er rief »Juhu!« So riefen die Jäger, wenn sie eine Büffelherde sahen. Jedes Kind faßte mit der rechten Hand in den Gürtel des vorderen.

Wieder rief Tolles Pferd »Juhu!« Da rannte die Reihe los. Zuerst um das nächste Zelt und dann vorbei an den anderen Tipis. Zuletzt umkreisten die Kinder das heilige Zelt in der Mitte des Dorfes.

Ogla sah nacheinander die bunten Figuren an der Zeltwand auftauchen: unten am Rand Büffel und Pferde, oben Sonne, Mond und Sterne. In diesem Tipi wohnte der Medizinmann.

Als Tolles Pferd den Dorfausgang erreichte, stieß er wieder sein »Juhu« aus. Fort ging es in das weite Grasland, in die Prärie hinaus.

Erst liefen die Kinder im Schatten der Uferbäume am Bach entlang. Da war der Weg eben. Dann ging es querfeldein über Grashügel und Steinhaufen. Die Großen vorn liefen immer schneller, ihr »Gekrümmter Pfad« wurde immer krummer. Ogla konnte kaum noch mithalten, so wurde sie hin und her geschleudert.

Plötzlich rief Tolles Pferd: »Vorsicht, Löcher!« Bums! Da lag Ogla schon.

Die Reihe lief noch eine Weile weiter, bevor die Kinder den Unfall merkten. Ogla war mit dem linken Fuß in das Loch eines Präriehundbaus getreten. Sie weinte laut.

Als sie versuchte aufzustehen, rutschte der Fuß nur noch tiefer in das Loch.

Die Jungen lachten und schimpften. »Das kommt davon, wenn man mit Mädchen spielt! Mädchen raus«, riefen sie. »Die heulen ja gleich, wenn sie hinfallen!«

Die Jungen liefen allein weiter. Die Mädchen blieben zurück. Zwei von ihnen, Taki und Nayo, eilten Ogla zu Hilfe. Sie versuchte sich aufzurichten, aber ihr Zöpfe hatten sich in einer Distel verfangen. Sie jammerte: »Mein Fuß, mein Fuß! Ich bekomme ihn nicht mehr heraus!«

»Du bist genau in das Ausgangsloch einer Höhlenwohnung getreten«, stellte Taki fest. Sie löste Oglas schwarze Zöpfe, während Nayo die Steine rings um das Loch entfernte.

Vorsichtig zogen sie Oglas Fuß heraus.
O Schrecken! Der Fuß war schon geschwollen, die Lederhose hatte unten einen Riß, und der Mokassin war kein Schuh mehr, sondern nur noch ein Fetzen. Ein scharfer Stein mußte ihn aufgerissen und auch den Fuß verletzt haben.
Ogla biss die Zähne aufeinander und wälzte sich zur Seite. In einer Grasmulde blieb sie liegen. »Lasst mich nur hier! Wenn ich mich nicht bewege, habe ich keine Schmerzen.«
Unschlüssig saßen die Mädchen still beieinander. Da erklang plötzlich ein langgezogener Pfeifton. Ein Präriehund streckte seinen Kopf aus dem Eingangsloch seines Baues. Er sah die Mädchen und verschwand blitzschnell. In der Ferne hörten sie die anderen Kinder schreien. Sie spielten weiter »Gekrümmter Pfad«.
»Weißt du, was«, fing Taki nach einer Weile an. »Wir reichen uns die Hände. Du setzt dich darauf und legst deine Arme um unsere Hälse. So können wir dich nach Hause tragen.«
»Ja, so wird es gehen«, stimmte Ogla erleichtert zu.
Die Sonne ging schon schlafen, als die Freundinnen ins Dorf zurückkehrten. Gleich am Eingang stand das Zelt, in dem Oglas Mutter und Großvater wohnten. Die Mädchen trugen die Verunglückte durch den Schlitz und legten sie auf das Schlaffell.
Drinnen saß die Mutter und nähte Stachelschweinborsten auf Hirschleder. Es sollten neue Mokassins für ihre Tochter werden. Vor Schreck ließ sie die Handarbeit fallen.

Ogla stöhnte, als sie der Mutter den geschwollenen Fuß entgegenstreckte.
»Sie ist in ein Loch getreten«, berichtete Taki.
Die Mutter betastete den Fuß, während Ogla leise vor sich hin weinte. »Das sieht ja böse aus. Gebrochen ist wohl nichts, nur verrenkt. Aber ich will doch den Medizinmann holen.«
»Können wir das nicht tun?«, fragte Nayo.
Die Mutter nickte. »Er soll so schnell wie möglich kommen.«
Im Eingangsschlitz stießen die beiden Mädchen fast mit einem alten Mann zusammen. Es war Oglas Großvater. Seit dem Tod seines Sohnes versorgte er die kleine Familie und ging trotz seines Alters noch mit auf die Jagd.
»Sieh hier, so ein Unglück«, klagte die Mutter. »Ogla hat sich den Fuß gebrochen oder verrenkt. Sie ist doch schon das schwächlichste Kind im Dorf, und nun das noch!«
Ogla versuchte zu lächeln. »Es ist gar nicht so schlimm«, flüsterte sie.
Der alte Mann strich vorsichtig über die Schwellung und runzelte die Stirn. »Das Bein fängt auch an zu schwellen! Und wie heiß der Fuß ist! Das muß doch sehr weh tun.«
Ogla nickte.
Der Großvater wandte sich an seine Schwiegertochter. »Kühle mit Kürbisblättern und Wasser. Hast du den Medizinmann benachrichtigt?«
»Ja, Taki und Nayo holen ihn schon. Es kann nicht mehr lange dauern.«

Der alte Mann setzte sich neben seine Enkelin. Dankbar schaute Ogla in die Augen des Großvaters. Er war der Einzige im Dorf, der blaue Augen hatte. Seine Mutter war eine Weiße gewesen, aber sein Vater ein Oglala, und so wurde auch er ein Oglala.

Da erklang von draußen ein Brummen. Durch den Eingangsschlitz kroch ein Bär. Kaum war er drinnen, richtete er sich zu seiner vollen Größe auf und schüttelte sich. Der Sand stob aus dem Pelz. Bei jeder Bewegung klapperte seine Halskette aus Bärenkrallen. In seinen Pranken hielt er einen Büffelschwanz. Damit fuhr er durch das Zelt, als wollte er etwas Böses hinaustreiben.

Zuerst erschrak Ogla. Aber dann sah sie unter dem Bärenpelz bunt gestickte Mokassins hervorgucken. Jetzt wußte sie, dass der Medizinmann unter dem Pelz steckte, der den Krankheitsgeist aus ihrem Fuß hinaustreiben wollte.

Nun fing der Bär an eine kleine Handtrommel zu schlagen. Dann bückte er sich. Ogla sah eine braune Hand unter dem Pelz hervorkommen. Sie spürte, wie der Mann die Kürbisblätter entfernte und Salbe aufstrich. Die Kühlung tat gut. Es war ihr, als ob die Schmerzen nachließen.

Schon richtete sich der Medizinmann wieder auf und wandte sich zum Eingang. Ogla hörte noch seine tiefe Stimme: »Morgen komme ich wieder. Kühle weiter mit Wasser und Kürbisblättern. Richte das Schwitzzelt.«

Die Mutter antwortete: »Ich werde es tun.«

Am anderen Morgen holte der Medizinmann Ogla ab. Er

trug Olga, die in ihre Schlafdecke gehüllt war, zur Schwitzhütte. Drinnen lag ein rot glühender Stein. Der Medizinmann bespritzte ihn so lange mit Wasser, bis das kleine Zelt voller Dampf war. Dann kroch Ogla nackt hinein und schwitzte und schwitzte.

Nachdem sie ein kaltes Bad genommen hatte, trug sie der Medizinmann wieder zurück ins Zelt. Dort duftete es nach Salbei.

»Halt nur den Fuß ruhig«, ermahnte er sie. »Du mußt jetzt zwei Tage fasten und darfst nur Kräutertee trinken. Wenn die Sonne zum dritten Male aufgeht, darfst du wieder essen.«

Ogla versprach alles. Sie hatte gesehen, dass der Fuß noch dicker geschwollen war als gestern. Doch er tat nicht mehr so weh.

Als der Medizinmann den Vorhang hob und hinausschlüpfte, schob sich ein kleiner, schwarzer Kopf in das Zelt hinein. Ogla schrie vor Freude auf. »Komm nur herein«, rief sie. Es war ein Pony. Schwarzes Schaf hatte es der Großvater genannt, weil es wirklich aussah wie ein Schaf.

Mit Schwarzem Schaf kam auch der Großvater. »Hier hast du ein Büschel Pappelblätter«, sagte er zu seiner Enkelin. »So ein Pony hat immer Hunger.«

Gierig riß Schwarzes Schaf die Blätter aus Oglas Hand und trabte wieder hinaus. Der Großvater aber blieb und setzte sich neben Ogla.

»Wie geht es deinem Fuß?«, fragte er.

»Es geht besser, es tut nicht mehr so weh wie gestern. Bleib doch ein wenig hier und erzähl mir etwas. Auf einem schwarzen Pferd ist damals doch auch mein Vater ausgeritten. Warum kam er nicht wieder?«

Das Gesicht des alten Mannes verfinsterte sich. »In dem Soldatendorf am Milchfluß, wo du im Sommer zur Schule gehst, wohnten früher weiße Krieger. Sie schossen mit ihren Feuergewehren auf uns Oglala und nahmen uns das Land weg. Unsere Krieger wollten das nicht zulassen,

denn die Weißen hatten mit Häuptling Rote Wolke einen Vertrag geschlossen. Das Land sollte uns gehören, solange Gras wachsen und Wasser fließen würde. Und du kannst selbst sehen, dass Gras und Wasser uns nicht im Stich gelassen haben.
Aber die Weißen haben uns im Stich gelassen. Sie vergaßen den Vertrag. Da wollten wir das Soldatendorf verbrennen. Doch die Wagengewehre, die Kanonen der Weißen, töteten viele von uns, auch deinen Vater.«
Eine Weile herrschte Stille im Zelt. Ogla hörte nur das Feuer knistern. Dann drang von draußen die Stimme des Herolds herein. Er rief: »Unsere Späher haben eine Büffelherde gesichtet! Jäger macht euch bereit!«
Ogla sah, wie der Großvater sein Gewehr, Bleikugeln, Pulverbeutel und Ladestock nahm. Die Mutter reichte ihm ein Säckchen mit getrocknetem Fleisch. Der alte Mann warf einen freundlichen Blick auf seine Enkelin. »Wenn ich wiederkomme, bist du sicher gesund«, sagte er und ging hinaus. Bald danach hörte Ogla das Getrappel vieler Pferde. Allmählich verklang es.
Am anderen Tag kamen Taki und Nayo. »Wie geht es dir? Der Lehrer hat gefragt, warum du nicht zur Schule kommst. Da haben wir ihm erzählt, dass du einen schlimmen Fuß hast. Hier ist meine Schiefertafel. Die Zeichen darauf sollst du nachmalen«, sagte Taki.
Das tat Ogla. Jeden Tag, kurz bevor die Sonne unterging, kamen die Freundinnen und brachten neue Schularbeiten. Denn Oglas Fuß wollte und wollte nicht besser werden.

Das Tanzfest

Als die ersten Jäger mit schwer beladenen Packpferden zurückkehrten, mußten Taki und Nayo ihren Müttern helfen. Auch Oglas Mutter hatte nun viel Arbeit, denn der Großvater hatte Schwarzes Schaf mit Büffelfleisch vorausgeschickt.

Die Mutter schnitt das Fleisch in lange Streifen und legte es draußen auf ein Gestell zum Trocknen. Die Zunge aber tat sie in den Kochtopf. Am Abend aß Ogla sich so satt wie lange nicht mehr, denn nach dem Fasten hatte sie doppelten Hunger.

»Iss nur, damit du groß und stark wirst wie Taki und Nayo! Deine Freundinnen arbeiten und du liegst hier im Zelt herum!«

Ogla fuhr zusammen. Die Stimme der Mutter klang so vorwurfsvoll. Da trat der Medizinmann ein. Dieses Mal war er nicht verkleidet. Er beugte sich über Oglas Lager

und befühlte den Fuß. Dabei wippte eine schwarze Vogelschwinge über seinem Ohr hin und her.
»Tut es noch weh?«, fragte er.
Ogla schüttelte den Kopf.
»Dann darfst du aufstehen.«
Zögernd erhob sich das Mädchen.
»Geh mal herum«, befahl der Medizinmann.
Kaum hatte Ogla ein paar Schritte getan, da schrie die Mutter: »Sie hinkt! Sie hinkt ja!«
»Lege dich wieder hin«, sagte der Medizinmann.
Ogla weinte. Der Medizinmann holte ein Birkenschächtelchen mit Salbe aus seinem Lederbeutel. Damit bestrich er sorgfältig den Fuß und brummte dabei beruhigend.
»Es wird schon wieder besser werden. Sobald Vollmond ist, komme ich wieder«, murmelte er, als er durch den Eingangsschlitz hinausglitt.
In der Nacht konnte Ogla nicht schlafen. Von fern hörte sie Wolfsgeheul. Dann vernahm sie ein Geräusch ganz in der Nähe. Holz knarrte.
»Hörst du nichts?«, fragte sie leise die Mutter. »Da ist doch jemand.« Aber die Mutter schlief und schnarchte vor sich hin. Da kroch Ogla zum Eingang und steckte den Kopf hinaus. Im Mondlicht erblickte sie Tolles Pferd. Er angelte gerade mit einem Stock nach dem Fleisch auf dem Gestell.
»Jea, jea«, schrie Ogla aus Leibeskräften.
Erschreckt ließ Tolles Pferd den Stock fallen. Jetzt erkannte er Ogla. »Das sollst du mir büßen«, rief er. Dann rannte er davon.
In den Nachbarzelten wurden die Leute wach. Auch die

Mutter hatte Oglas Schrei geweckt. Sie drohte dem Jungen: »Du solltest dich schämen, armen Frauen das Fleisch zu stehlen. Wenn die Männer da sind, wagst du so etwas nicht!«
Ogla kannte das Spiel. Es hieß »Den Erwachsenen Fleisch wegnehmen«. Hatten die Jungen dabei Erfolg, war die Mutprobe bestanden und sie durften sich eine Adlerfeder ins Haar stecken. Aber nur, wenn sie unerkannt blieben. Doch nun war Tolles Pferd von Ogla und ihrer Mutter erkannt worden. Keine Adlerfeder, nur Spott!
Von nun an hatte Ogla Angst vor dem Häuptlingssohn. Sie wagte sich kaum noch hinaus. Der Mutter war es recht. Sie schämte sich, weil ihre Tochter hinkte. Deshalb führte sie Ogla schon vor Sonnenaufgang zum Bach, wo die Mädchen jeden Morgen badeten. Bevor die anderen Kinder kamen, saß Ogla wieder in ihrem Zelt. So sah sie die Freundinnen immer seltener.
Endlich kehrten die Jäger heim, auch der Großvater. Zwei Pferde brachte er zurück, mit Fleisch und Büffelhäuten beladen.
»Die Felle von der Sommerjagd kaufen die Händler uns nicht ab, weil die Haare so dünn sind. Die kannst du für uns schaben und gerben«, erklärte der Großvater.
Das Schaben der Büffelhäute war eine schwere Arbeit. Jede Faser Fleisch mußte mit dem Kratzer entfernt werden. Dabei hatten linker Fuß und linke Hand das dicke Leder glatt zu spannen. Das konnte Ogla natürlich nicht.
Die Mutter jammerte: »Was soll nur aus dir werden, wenn dein Fuß nicht heilt?«

Der Großvater runzelte die Stirn. Seine Stimme klang richtig ärgerlich. »Wenn der Fuß nicht wieder gesund wird, muß Ogla sich daran gewöhnen. Es gibt genug andere Arbeit, wozu sie den Fuß nicht braucht. Du siehst ja, wie fleißig sie ist! Jetzt soll sie erst einmal Pemmikan machen.«

Ogla sah dankbar zu dem Großvater auf. Eifrig zerschnitt und zerkrümelte sie die langen, sonnentrockenen Fleischstreifen. Sie füllte die Masse in kleine Lederbeutel und warf ab und zu ein paar Beeren dazwischen. Zum Schluß goss die Mutter flüssiges, heißes Fett darüber. Dabei sprachen sie von dem Jagdtanz, der am Abend stattfinden sollte um die Rückkehr der Jäger zu feiern.

Als die Sonne den Horizont berührte, beendete die Mutter ihre Hausarbeit. Ogla sah, wie sie ihr bestes Lederkleid hervorholte, das mit den bunt gestickten Hosen. Der Großvater zog ein neues Lederhemd an; seine Hosen waren mit Wieselfellen gesäumt. Dazu legte er einen Gürtel an und steckte eine Feder ins Haar.

»Was soll ich denn anziehen?«, fragte Ogla und humpelte zu ihrem Beutel mit den guten Kleidern.

»Tut dein Fuß noch weh?«, wollte der Großvater wissen.

»Nein, Großvater«, wehrte Ogla ab, »ich kann nur schlecht auftreten.« Sie wollte nicht allein zurückbleiben, wenn das Dorf feierte.

»Nun denn, meinetwegen«, brummte der Großvater. »Sieh nur zu, dass du nicht noch einmal hinfällst.«

»Bestimmt nicht, ich werde schon aufpassen«, versicherte

Ogla und die Mutter half ihr in die schönsten Festtagskleider.

Als die ersten Sterne aufblitzten, versammelte sich das ganze Dorf in der Mitte des Zeltkreises bei dem Medizintipi. Über einem großen Feuer hing ein riesiger Kupferkessel, in dem Fleisch und Mais kochten. Hier arbeiteten die Frauen, auch Oglas Mutter. Der Großvater ging zu den Männern und Ogla lief zu ihren Freundinnen.

»Setz dich zwischen uns«, lud Nayo sie ein. »Die Tänzer müssen durch den Ortseingang kommen. Von hier aus siehst du sie am besten.«

Da kamen sie schon: zwölf junge Männer mit rot bemalten Gesichtern, an den Armen mit weißen und schwarzen Ringen verziert. Von ihren Köpfen nickten Adlerfedern.

In diesem Augenblick dröhnten Trommeln und Rasseln. Die Tänzer hüpften erst auf dem rechten, dann auf dem linken Fuß einen Schritt vorwärts. Sie neigten sich leicht vornüber. Bald tanzten sie nach rechts, bald nach links und umkreisten dabei das Feuer mit ausgebreiteten Armen.

»Jetzt segnen sie die Nahrung«, flüsterte Ogla.

Nach der ersten Umkreisung standen die Männer still. Nun erhob sich der Häuptling. In der Hand hielt er eine langstielige Pfeife. Sieben Entenköpfe baumelten von ihr herab. Andächtig beobachtete Ogla, wie er den Rauch erst nach Osten, Süden, Westen und Norden blies, dann zum Himmel und zur Erde. Danach reichte er die Pfeife herum, bis alle geraucht hatten.

Nun tanzten die Frauen. »Jetzt sind wir dran«, sagte Taki.

Die Freundinnen stellten sich auf. Ogla versuchte ihnen zu folgen. Aber nach ein paar unsicheren Schritten blieb sie stehen. Wie gern hatte sie früher getanzt, doch jetzt . . .
Plötzlich bekam sie einen Stoß in den Rücken und fiel der Länge nach hin. Die ganze linke Seite tat ihr weh. Mühsam raffte sie sich auf und sah gerade noch einen Schatten im Dunkel verschwinden. Wer hatte sie nur angerempelt?

Nach dem Mädchentanz gingen Taki und Nayo zum Kessel und holten eine Schüssel mit Fleisch und Maisbrei. »Das reicht auch für dich«, sagten sie zu Ogla und setzten sich mit untergeschlagenen Beinen nieder. Ogla allerdings mußte den Fuß ausstrecken. Sie stöhnte leise.

»Hast du wieder Schmerzen?«, fragte Taki mitleidig. »Du hast doch gar nicht mitgetanzt.«
»Ach, es geht schon«, widersprach Ogla und griff in die Schüssel.
Die Mädchen aßen noch, da kam der Großvater. Er hielt einen Gürtel hoch. »Der lag dahinten! Gehört er euch?«
Die Mädchen schüttelten den Kopf. Nur Nayo meinte: »Solche Muster stickt nur Große Bärin, die Frau des Häuptlings.«
»Dann gehört er Tollem Pferd«, fiel Taki ein. »Ich habe ihn eben noch herumlaufen sehen, ohne Gürtel.«
Da wußte Ogla, wer sie gestoßen hatte. Doch das wollte sie dem Großvater erst später erzählen. So sagte sie nur: »Ich bin müde.«
Der Großvater nahm sie auf und trug sie nach Hause. Doch einschlafen konnte Ogla nicht. »Heute hätte ich eigentlich den Zweitnamen ›Flinkes Wiesel‹ bekommen sollen«, seufzte sie. Noch lange hörte sie den dumpfen Klang der Trommel.

Im Soldatendorf

In der Frühe des nächsten Morgens erschienen die Freundinnen. »Wir wollen dich abholen, heute ist der letzte Schultag vor den langen Ferien«, erklärte Taki.
Ogla zögerte. »Du kommst doch mit?«, fragte Nayo. »Oder ist dir der Weg zu weit?«
Ogla überlegte. Der Weg ins Soldatendorf zur Schule war wirklich weit und das ganze linke Bein schmerzte.
Da mischte sich der Großvater ein. »Geht nur voraus. Ich muß zum Händler, da nehme ich Ogla mit.«
Die Freundinnen verabschiedeten sich. Ogla rief ihnen nach: »Wir holen euch bald ein; Reiten geht schneller als Laufen.«
So kam es auch: Der Großvater ritt auf der Stute und Ogla nahm Schwarzes Schaf. Die Pferde schlugen einen flotten Schritt an. Bald sahen die Reiter in der Ferne die steinernen Mauern des Soldatendorfs aufragen. Vier Häuser

hatten die Weißen um einen Hof herumgebaut. Erdwälle zogen sich um die ganze Anlage und Kanonen blinkten in der Morgensonne.
Als Ogla auf Schwarzem Schaf an den Schulkindern vorbeistob, winkte sie und die Kinder winkten zurück.
Nur Tolles Pferd schrie: »Hinkefuß! Hinkefuß!«
Der Großvater hörte es. Er hielt seine Stute an und blickte sich um. Er sah den Jungen, der auch jetzt noch nicht aufhörte mit seinem Geschrei, und er sah Ogla, die bis an ihre schwarzen Zöpfe errötete.
Da wandte der alte Mann seine Stute um und preschte zurück. Er warf sich vom Pferd und packte den Jungen. Der Überraschte zappelte wie ein Fisch an der Angel, aber es half nichts. Der Großvater trug ihn zum nahen Bach und tauchte ihn ein paarmal unter. Triefend blieb Tolles Pferd am Ufer stehen. Er sagte nichts mehr. Die Kinder lachten und auch Ogla lachte.
Vor dem Tor des Soldatendorfs band der Großvater die Pferde an einen Zaun. »Ich gehe jetzt zu dem Händler dort drüben«, sagte er. »Sobald die Schule vorüber ist, kommst du nach.«
Ogla nickte und betrat den Hof. Der Schulraum lag in dem Haus nach Osten. Dort schien die Morgensonne hinein und das machte alle froh.
Ogla hatte die besten Noten, obwohl sie die letzte Zeit gefehlt hatte. Das kam daher, dass der Großvater oft mit ihr in der Sprache der Weißen redete.
Als die Kinder nach Schulschluß hinausstürmten, blieb Ogla sitzen.

»Wie geht es dir, Ogla?«, fragte der Lehrer.
Da erzählte Ogla von ihrem Fuß, der nicht besser werden wollte. Und von Tollem Pferd, der sie niedergestoßen hatte und jetzt »Hinkefuß« hinter ihr herrief. Und von dem Großvater, der den Jungen im Bach untergetaucht hatte.
»Ach, deshalb ist er heute nicht in die Schule gekommen«, meinte der Lehrer. Er fuhr Ogla tröstend über das Haar. »Wenn die Schule im Frühling weitergeht, bist du sicher wieder gesund.« Aber er machte doch ein bedenkliches Gesicht, als er das Mädchen hinaushinken sah.
Langsam humpelte Ogla durch das Tor. Die braune Stute und Schwarzes Schaf wieherten ihr entgegen. Sie streichelte die Tiere. »Gleich reiten wir nach Hause. Ich muß nur noch den Großvater holen«, rief sie und wandte sich dem nächsten Blockhaus zu. Dort wohnte der Händler, bei dem der Großvater immer einkaufte.
Sie öffnete die Tür und trat in den Laden. Über ihr klingelte ein blechernes Glöckchen. Ein kleiner rothaariger Mann stand hinter der Theke.
»Ach, du bist es«, sagte er freundlich. »Warte nur hier, dein Großvater ist noch hinten in meinem Zimmer und sucht sich ein Gewehr aus. Hier hast du was zum Lutschen!« Er drückte Ogla ein paar Stückchen Zucker in die Hand.
Das Stehen tat weh. Ogla setzte sich auf ein kleines Fass unter dem Fenster und steckte den Kandis in den Mund. Vor sich hatte sie die Theke und das Regal. Ein trübes Licht, das durch die schmutzigen Scheiben fiel, beleuchtete die vielen bunten Päckchen in den Fächern.
Ogla schnupperte. Es roch nach Kaffee und Tabak und

auch ein wenig scharf nach Branntwein. Neben ihr stapelten sich braune, rote und blaue Decken.

Ob der Händler auch dieses Mal die Spieluhr aufdrehen würde? Das tat er immer, wenn ihn der Großvater besuchte.

Es war, als hätte der rothaarige Mann Oglas Gedanken erraten. Schon drehte sich der Schlüssel des kleinen Musikkastens, der auf der Theke stand. Und jetzt zirpte die Melodie, die sie schon oft gehört hatte: »Mein Herz ist im Hochland, mein Herz ist nicht hier!«

Da sah Ogla den Großvater aus der Tür zwischen den Regalen hervorkommen. Er summte die Melodie mit und trug ein neues Gewehr an einem Lederriemen über der Schulter. Er wechselte einige Worte mit dem Händler. Dann verstaute dieser noch eine Menge Päckchen in einen alten Sack.

»So, nun haben wir alles«, sagte der Großvater. Als Ogla die Ladentür öffnete, schrillte wieder das blecherne Glöckchen. Beide traten hinaus. Die Pferde stampften schon ungeduldig. Der Großvater blickte zum Himmel. »Er sieht so grau aus«, meinte er. »Es gibt sicher ein Gewitter!«

Ogla folgte dem Blick des alten Mannes. »Da!«, rief sie. »Enten! Ein ganzer Schwarm! Er kommt gerade auf uns zu!«

Eilig riß der Großvater die neue Büchse von der Schulter und zielte. »Bums!« Und noch einmal: »Bums«, krachte es. Die Pferde stiegen erschreckt in die Höhe.

»Ruhig, nur ruhig«, redete Ogla Schwarzem Schaf zu. »Es

ist ja nur Großvaters neue Flinte. Da, sieh mal: Drei, vier Enten hat er getroffen!«

Der alte Mann rannte um die Beute zu holen. Ogla wollte ihm helfen, mußte aber nach einigen schnellen Schritten stehen bleiben. Das linke Bein brannte wie Feuer. Sie war froh, dass der Großvater bald die Enten verstaut hatte und ihr in den Sattel half. Auf dem Rücken von Schwarzem Schaf fühlte sie sich am wohlsten.

»Das Gewitter kommt rasch«, meinte der alte Mann. »Sieh nur, was für dunkle Wolken da heranstürmen. Wie der Staub und die Blätter durch die Luft wirbeln! Halt dich nur gut fest!«

Ogla beugte sich über den Hals des Ponys und packte die Zügel. Sie hörte, wie der Großvater einen schrillen Pfiff ausstieß. Schwarzes Schaf tat einen gewaltigen Satz und raste davon. Oglas Zöpfe flogen nach hinten. Ihre Hände verkrampften sich in die Zügel. Sie hörte die Hufe des kleinen Pferdes auf dem Prärieboden trommeln.

Plötzlich krachte es hinter ihr ganz fürchterlich. Ein Blitz war eingeschlagen. Der Großvater rief etwas, aber sie verstand in dem rollenden Donner kein Wort. Sie fühlte nur, dass Schwarzes Schaf noch schneller dahingaloppierte. Ogla ließ die Zügel fallen und umklammerte den Hals ihres Ponys.

Da pfiff der Großvater noch einmal, aber ganz anders als zu Anfang des Ritts. Und sofort fiel Schwarzes Schaf in ruhigen Schritt.

Jetzt begann der Regen zu schütten. Wieder gab der Großvater ein Signal, eine Art Schnalzen, und Schwarzes

Schaf legte einen flotten Trab vor. Ziemlich nass kamen die Reiter zu Hause an. Während die Mutter ihrer Tochter in trockene Kleider half, erzählte Ogla aufgeregt von ihrem Ritt.

»Denk dir nur, Schwarzes Schaf hört auf jeden Pfiff! Unser

Pony geht langsam und schnell, ganz wie Großvater pfeift. Das muß ich auch lernen!«

Dann half sie der Mutter die Enten vorzubereiten. Zwei Vögel wurden gerupft und kamen in den Kessel mit heißem Wasser, zwei packte Ogla in nassen Lehm und legte sie einfach ins Feuer. Bald zog ein köstlicher Duft durch das Zelt.

Da steckte der Medizinmann seinen Kopf durch den Eingangsschlitz. Er schnupperte genussvoll und setzte sich ohne ein weiteres Wort ans Feuer. Der Großvater meinte: »Ein Medizinmann kennt nicht nur die Krankheitsgeister, er hat auch eine gute Nase!«

Alle lachten. Die Mutter fischte für den Gast die besten Stücke aus dem Kessel. Der Großvater zerschlug die schwarz gebrannten Lehmklumpen und Ogla legte das schneeweiße Bratenfleisch auf die Holzteller.

Nach dem Essen fragte der Medizinmann Ogla: »Wie geht es deinem Fuß?«

»Es geht immer noch schlecht. Jetzt tut mir das ganze Bein sogar von der Hüfte an weh.«

Der Medizinmann setzte seinen Teller auf den Boden und untersuchte Ogla. »Was ist denn mit dir passiert?«, wunderte er sich. »Dein Bein ist ja in allen Farben angelaufen!«

»Tolles Pferd hat mich gestern Abend zu Boden gestoßen. Dabei fiel ich auf die linke Seite!«

So erfuhr der Großvater erst jetzt, was auf dem Tanzfest geschehen war. »Ich hätte den Jungen noch ein paarmal untertauchen sollen«, brummte er.

Das Fleckengesicht

Nach dem letzten Schultag wurde das Wetter schlecht. Der Himmel überzog sich mit dunklen Wolken.

»Mach lieber die Rauchklappe zu, damit der Regen nicht hereinschlägt«, sagte der Großvater zur Mutter.

Die Mutter befolgte den Rat.

Wie aber staunten alle, als sie am Morgen aufwachten und das Zelt eingeschneit war! Auch die Prärie lag unter einer weißen Decke.

»Jetzt schon Schnee!«, jammerte die Mutter. »Das wird sicher ein ebenso langer, kalter Winter wie im vergangenen Jahr. Ein richtiger Hungerwinter!«

»Zwei solche Winter hintereinander sind selten«, wehrte der Großvater ab. Er blickte prüfend hinaus. »Eigentlich müsste ich auf die Jagd gehen, gutes Spürwetter. Aber der lockere Schnee macht die Mokassins sofort nass. Ich will lieber hier bleiben.«

Ogla freute sich. »Wenn du hier bleibst, musst du mir eine Geschichte erzählen.«
»Ja, meine Kleine. Zeig mal dein Bein. Ist es schon besser?«
Doch Oglas Bein sah fast noch schlimmer aus als an den vergangenen Tagen. Die Mutter schrie auf vor Schrecken. »Warum hast du mir das nicht schon gestern gezeigt? Du hättest nicht ausreiten dürfen. Nein, so ein Bein! Der reinste Fleckenteppich ist das: gelb, rot und blau!«
Ogla erschrak. »Bleibt das so?«
»Nein«, beruhigte sie der Großvater. »Du musst heute nur ganz ruhig liegen bleiben. Diese Flecken kommen vom Bluterguss. Sie verschwinden von selbst. Sei froh, dass du die Flecken nicht im Gesicht hast.«
Während die Mutter das Feuer schürte und den hereingewehten Schnee hinauskehrte, setzte sich der Großvater zu seiner Enkelin.
»Kennst du die Geschichte von dem Mädchen mit dem Fleckengesicht?«
»Nein, erzähl sie mir«, bat Ogla.
»In einem Dorf am Fluss mit den gelben Steinen lebte einmal ein Witwer, der hatte drei Töchter. Die beiden älteren hießen Bärenkralle und Wolfszahn. Seine Jüngste nannte der Vater Rotkehlchen, weil sie ein zarte Stimme hatte.
Die beiden älteren Mädchen waren groß und kräftig, aber unbeschreiblich faul. Ging der Vater morgens auf die Jagd, ermahnte er seine Töchter eindringlich: ›Gerbt fleißig die Felle, holt Wasser und Holz und haltet das Feuer immer

in Gang. Rotkehlchen soll kochen. Wenn ich zurückkomme, muss das Essen fertig in den Schalen sein!‹

Aber es geschah alles gerade umgekehrt. Die Jüngste war klein, schwach und kränklich. Kaum war der Vater fort, dann hieß es: ›Hol Holz und hack es!‹ Kaum war sie mit dem Holzhacken fertig, riefen die Schwestern: ›Flink, flink, schür das Feuer! Trag die Asche hinaus, leg Reisig nach und dann Büffelmist!‹

Ging es nicht schnell genug, wurde das arme Rotkehlchen gestoßen und verprügelt. So hatte die Jüngste täglich am Feuer zu arbeiten. Die Funken sprangen ihr ins Gesicht und die Flammen versengten das Haar. Ihre Hände, Arme und Beine bekamen Brandwunden und ihre Haut bedeckte sich mit Narben. Bald hieß sie im Dorf nur noch Fleckengesicht. Niemand rief sie mehr mit ihrem richtigen Namen.

Kam der Vater nach Hause und fragte ärgerlich: ›Warum sieht meine jüngste Tochter so verbrannt aus?‹, dann logen die älteren Schwestern: ›Sie ist wieder dem Feuer zu nahe gekommen, obwohl wir es ihr streng verboten haben.‹

In dem Dorf wohnte auch ein Geschwisterpaar. Das Mädchen führte den Haushalt und glich den anderen Mädchen. Der Junge aber besaß eine besondere Eigenschaft: Er war unsichtbar. Nur seine Schwester konnte ihn sehen.

Das ganze Dorf wusste, dass der Bruder ein vorzüglicher Jäger war, denn in dem Tipi der Geschwister gab es die schönsten Felle. Auf den Schlafplätzen lagen Pelze von

Bären und Wölfen. Die Schwester trug schneeweiße Lederkleidung, besäumt mit Otter, Marder und Hermelin. In den Vorratsgruben rings um das Tipi stapelten sich gedörrte Fische. Selbst bei Eis und Schnee, wenn die anderen Leute hungerten, kochte im Kessel der Geschwister noch Fleisch.

Natürlich hätten viele Mädchen im Dorf den Bruder gern geheiratet. Fast täglich kam eine zu der Schwester, half ihr bei der Hausarbeit und sprach dabei von ihrem Herzensanliegen.

›Will denn dein Bruder nicht heiraten?‹, fragte sie dann.

›Oh, doch! Er denkt ständig daran. Aber es ist eine Bedingung dabei. Seine Frau muss ihn sehen können.‹

›Nun, das ist doch eine Kleinigkeit!‹

›Bleib nur bis zum Abend! Wenn mein Bruder zurückkehrt, wird es sich zeigen, ob du ihn sehen kannst.‹

Doch wenn die Besucherin am Abend mit der Schwester zum See ging, sah sie nur, was die übrigen Menschen auch sahen. Sie erkannte das schwarz und rot bemalte Kanu, das hin- und herschwingende Paddel und den Schaumstreifen hinter dem Boot. Sonst sah sie nichts.

Fragte dann die Schwester: ›Siehst du ihn?‹, so behauptete die Besucherin stets keck: ›Natürlich sehe ich ihn!‹

Doch die Schwester fragte weiter: ›Woraus besteht seine Bogenschnur?‹

Die Besucherin riet darauf los: ›Aus Hirschsehnen.‹ Denn aus Hirschsehnen machten alle Jäger ihre Bogenschnur. Und wenn die Schwester wissen wollte, an welchem Band die Jagdtasche des Bruders hing, dann behauptete die

Besucherin: ›An einem Riemen aus Büffelhaut.‹ Denn daran trugen alle Männer ihre Tasche.
Die Schwester merkte aus den Antworten, dass die Besucherin den Bruder nicht sah. ›Du gehst am besten wieder nach Hause‹, meinte sie dann. ›Du bist nicht die Richtige für meinen Bruder.‹ Dann begriff das Mädchen, dass es durchschaut war, und schlich beschämt davon.«
Die Mutter war für eine Weile hinausgegangen. Jetzt kam sie zurück und unterbrach den Großvater. »Ich bekomme die Vorratsgrube nicht auf. Ich brauche den Beutel mit Maisgrieß, sonst gibt es heute kein Essen.«
Der Großvater stand auf und bald hörte Ogla, wie er die Äste von der Vorratsgrube losriss. Die Mutter taute inzwischen Schnee im Kessel auf. Ogla blickte in die Flammen des Kochfeuers und dachte an das arme Fleckengesicht.
Ungeduldig wartete sie auf die Rückkehr des Großvaters. Dann kam der alte Mann endlich, mit einem Beutel Maisgrieß in der Hand.
»Und wie ging es weiter?«, fragte Ogla aufgeregt. Der Großvater setzte sich wieder und fuhr fort.
»Eines Tages kam es der ältesten Schwester in den Sinn, dem Unsichtbaren einen Besuch zu machen. ›Ich bin die richtige Frau für ihn, er wird mich auf Händen tragen. Dann brauche ich mich nicht mehr hier herumzuärgern‹, sagte sie mit einem schiefen Blick auf die Jüngste.
Eilig lief sie zum Zelt des Unsichtbaren. Die Aufforderung der Schwester ihr zu helfen lehnte sie ab. ›Dabei mache ich mir nur die Hände schmutzig und mein Hirschfellman-

tel bekommt Flecke‹, meinte sie hochmütig. Ohne viel zu reden wartete sie bis zum Abend.
Als die Sonne eine Hand breit über den Baumwipfeln stand, ging die Besucherin mit der Schwester zum Ufer. Alsbald erschien das Kanu, doch das Mädchen konnte den Unsichtbaren darin nicht erkennen.
Hier hilft nur eine Lüge, dachte die Besucherin.
Als nun die Schwester fragte: ›Woraus besteht die Bogenschnur meines Bruders?‹, da sagte sie dreist: ›Aus Rattenschwänzen!‹
Die Schwester lachte laut auf.
Die Besucherin verbesserte sich: ›Ach nein, jetzt erkenne ich es richtig: aus geflochtenen Stachelschweinborsten.‹
Nun lachte die Schwester erst recht.
Die Hochmütige wurde rot vor Zorn und ging davon. Zu Hause ließ sie ihre Enttäuschung an Fleckengesicht aus und das Rotkehlchen hatte es schlimmer als je zuvor.
Nach einiger Zeit sagte die zweite Schwester: ›Ich möchte den Unsichtbaren auch einmal besuchen. Sicher habe ich mehr Glück.‹ Sie putzte sich aufs schönste heraus und eilte zum Zelt des Unsichtbaren.
Aber welche Enttäuschung befiel die Besucherin, als sie am Abend das Boot sah. Sie strengte ihre Augen an, aber sie erblickte nicht das Geringste von dem Ruderer. Sie riet auf gut Glück darauf los: ›Die Bogenschnur besteht aus Fliegendärmen, aus Mückenbeinen, aus Spinnenfäden!‹
Doch das war alles Unsinn, und die zweite Schwester musste ebenso erfolglos abziehen wie die erste. Zu Hause ließ sie ihre Wut an der Jüngsten aus.

Als wieder einige Zeit vergangen war, sagte das Rotkehlchen: ›Ich möchte auch einmal einen Besuch bei dem Unsichtbaren machen.‹

Da schlugen die Schwestern ein höhnisches Gelächter an. ›Was, du armseliges Fleckengesicht in deinen zerrissenen Lumpen und mit bloßen Füßen! Auf dich hat der Unsichtbare gerade gewartet!‹ Und sie wollten fast sterben vor Lachen.

Aber die jüngste Schwester holte ein Paar alte Mokassins ihres Vaters hervor und machte sich aus Birkenrinde einen Rock und eine Jacke. Die beiden anderen ärgerten sich, als sie Fleckengesicht in diesem Aufzug sahen. ›Schämst du dich nicht? Die Sachen sind dir ja viel zu groß‹, riefen sie ihr nach.

Doch Fleckengesicht kümmerte sich nicht um das Geschrei der Schwestern und auch nicht um das Getobe der Dorfjungen, die sie mit Spott und Hohn verfolgten.

Die Schwester des Unsichtbaren empfing das Mädchen sehr freundlich. Sie achtete nicht auf das Äußere der Menschen und nannte sie Rotkehlchen.

Als sie abends am See standen und das Boot herankam, fragte die Schwester: ›Siehst du ihn?‹

›Ich sehe ihn‹, antwortete Fleckengesicht. ›So etwas Schönes habe ich noch nicht gesehen! Seine Bogenschnur besteht aus der Milchstraße und seine Jagdtasche hängt an dem Regenbogen, der über seiner Schulter liegt.‹

Da lächelte die Schwester. ›Du bist die Richtige, du siehst ihn wirklich.‹ Sie nahm Fleckengesicht mit nach Hause, entkleidete und badete sie. Beim Waschen lösten sich die

Narben von Wangen und Händen. Das verbrannte Haar wuchs neu und die Augen wurden groß und leuchtend wie Sterne. Als sie das beste Kleid der Schwester angelegt hatte, gab es keine Schönere auf der Welt als das ehemalige Fleckengesicht.

›Hier ist deine Frau‹, sagte die Schwester, als der Bruder eintrat. Da freute sich der Unsichtbare. ›Welches Glück, dass die anderen Mädchen mich nicht sehen konnten! Nun hat das Suchen ein Ende!‹

So kam Rotkehlchen in das Tipi des Unsichtbaren. Ihre Schwestern aber wagten hinfort nicht mehr, sie auch nur noch von der Seite anzusehen.«

Als der alte Mann geendet hatte, blieb es im Tipi eine Weile ganz still. Nur das Knistern des brennenden Büffelmistes und das Blubbern des Maisbreis waren zu hören. Dann überschüttete Ogla den Großvater mit Fragen.

»So abscheuliche Mädchen! Da sind ja Taki und Nayo tausendmal besser; sie sind immer gut zu ihrer kleinen Schwester. Wurden die Flecken mit gewöhnlichem Wasser weggewaschen? Oder waren Kräuter dabei? Hilft solches Wasser auch bei meinem Bein?«

Der Großvater schüttelte den Kopf. »Ob Kräuter in dem Wasser waren, erzählt die Geschichte nicht. Dein Bein wird auch ohne Kräuterwasser wieder gut. Du musst es nur schonen. Deshalb lauf nicht so viel und reite mehr auf Schwarzem Schaf. Wir werden jetzt jeden Tag ausreiten, damit du lernst richtig im Sattel zu sitzen.«

Da mischte sich die Mutter ein. »Der Maisbrei ist gar. Kommt zum Essen!«

Die drei setzten sich um das Feuer und bliesen in ihre Schüsseln. Der Mais dampfte. Er sah goldgelb aus, denn die Mutter hatte Bärenschmalz hineingerührt. Das tat sie nur, wenn sie guter Laune war.
Sie fragte den Großvater: »Ob sich für Ogla auch einmal solch ein unsichtbarer Freier einfindet?«
»Warum nicht? Bestimmt kommt eines Tages ein tüchtiger junger Mann. Nur werden wir ihn dann alle sehen können.«
Ogla merkte erstaunt, dass die Mutter lachte. Sonst sah sie immer so sorgenvoll aus.

Der neue Spielgefährte

Die Schneedecke verschwand so schnell, wie sie gekommen war. Auch die Flecken an Oglas Bein besserten sich von Tag zu Tag. Die Herbstsonne schien wieder. Jeden Tag ritt der Großvater mit seiner Enkelin in die Prärie hinaus. Er zeigte ihr, wie sie Schwarzes Schaf lenken müsse. Er lehrte sie, langsam und schnell zu reiten. Willig tat das Pony alles, was Ogla wollte. Es galoppierte und hielt an, wie die Reiterin es befahl.
Eines Tages, als sie wieder unterwegs waren, sagte der Großvater: »Du hast rasch reiten gelernt. Deshalb schenke ich dir Schwarzes Schaf. Das Pony soll dir allein gehören. Mir genügt die braune Stute. Üb hier weiter, ich reite inzwischen zu den Wolfsfallen.«
Ogla traute ihren Ohren nicht. Schwarzes Schaf sollte ihr gehören?
»Mir allein?«, fragte sie ungläubig. »Mir allein«, jubelte sie, als

der Großvater längst fort war. Von seinen Worten hatte sie nur verstanden, dass sie jetzt ein Pony besaß. Außer Tollem Pferd hatte noch Gelber Hirsch, der Sohn des Medizinmannes, ein Pony, sonst niemand. Ogla umarmte Schwarzes Schaf. Dann flocht sie seine lange Mähne in Zöpfchen. »So, bald bist du ein richtiges Indianerpferdchen.«

Doch Schwarzem Schaf dauerte es zu lange. Es klopfte dreimal mit dem Huf. Das hieß: Füttere mich. Ogla unterbrach ihre Arbeit und führte ihr Pferdchen zu den Weiden. Gierig riss Schwarzes Schaf die Blätter ab. Danach begann sie von neuem mit dem Frisieren.

Aber wieder klopfte Schwarzes Schaf auf den Boden, jetzt nur einmal, aber dafür sehr kräftig. Das hieß: Ich bin müde! Prompt ließ sich das Pony auf den Boden fallen und streckte alle viere von sich. Alles ließ es doch nicht mit sich machen.

Ogla konnte noch rechtzeitig zur Seite springen. Aber dann musste sie lachen. Es sah zu drollig aus, wie Schwarzes Schaf zu ihr emporblinzelte.

Da hörte sie hinter sich ebenfalls Lachen. Sie drehte sich erschrocken um. »Ach, ihr seid es«, sagte sie. Taki und Nayo hatten ihrem Spiel mit Schwarzem Schaf zugesehen.

»Mit den Zöpfen sieht das Pony noch mehr wie ein Schaf aus als vorher«, meinte Nayo.

»Du wärst sicher froh, wenn du solch ein Pferdchen hättest«, gab Ogla zurück.

»Wieso? Gehört das Pony dir?«, wunderten sich die Freundinnen.

»Ja, es gehört mir! Mein Großvater hat es mir eben geschenkt!«

Den beiden Mädchen blieb der Mund offen stehen. »Wo ist denn dein Großvater?«, wollten sie wissen.

Ogla blickte sich um. Ja, wo war der Großvater geblieben? Schwarzes Schaf stand auf und lief zurück zu den Pappeln. Aber von der Stute und dem alten Mann war nichts zu sehen. Die Mädchen setzten sich. »Wir wollen ein Lied singen«, schlug Taki vor. Schon stimmte Ogla an:

Wenn die wilden Kirschen reifen,
wir durch das Grasland streifen;
von früh bis spät, ohne Rast und Ruh,
mein Pony und ich und du!

Früher ritten wir hinter dem Büffel her,
jetzt gibt es keine Büffel mehr.
Doch wir reiten ohne Rast und Ruh,
mein Pony und ich und du!

Da vernahmen sie Hufschlag. Der Großvater kam angeritten. Vor sich hatte er einen Mann auf dem Pferd sitzen. Der Kopf des Mannes hing bis auf die Schulter herab. Seine Augen waren nur halb geöffnet.
»Was ist geschehen?«, fragte Ogla, als die Stute anhielt.
»Das ist ja der Häuptling«, wunderte sich Taki.
»Ja«, sagte der Großvater. »Ich fand ihn betrunken und halb erstickt im Bach. Er roch nach Branntwein. Die Weißen haben ihm wieder einmal zu viel davon gegeben. Ich bringe ihn jetzt nach Hause.«
Der alte Mann ritt weiter und die Mädchen redeten noch lange über den Häuptling und über das Feuerwasser der Weißen. Ogla sagte: »Mein Großvater schimpft auf die Händler, weil sie uns solches Feuerwasser verkaufen. Er trinkt nichts davon, denn es macht krank.«

Dann pfiff sie. Schwarzes Schaf kam sofort angelaufen. Taki und Nayo staunten. Ogla nahm ein paar Stückchen Kandiszucker aus ihrer Tasche und gab sie ihren Freundinnen. Sie selbst steckte auch ein Klümpchen in den Mund.

Da klopfte Schwarzes Schaf dreimal mit dem Huf. Ogla holte ihren angelutschten Zucker hervor und schob ihn dem Pony zwischen die Lippen. Die Mädchen lachten.

Wieder erklang Hufschlag. Tolles Pferd kam in scharfem Trab auf sie zugeritten. Unfreundlich schrie er herüber: »Ich suche meinen Vater! Sein Pony kam ohne ihn zurück!«

»Such nur«, versetzte Taki ebenso unfreundlich. Die Mädchen lachten, denn der Vater war ja längst gefunden.

»Was gibt es da zu lachen«, ärgerte sich Tolles Pferd und galoppierte wütend davon.

Nur Nayo sah ihm bewundernd nach. »Seht doch, was für ein guter Reiter er ist!«

Die Schwester antwortete: »Das ist leicht, wenn man ein eigenes Pony hat. Hast du vergessen, dass unsere Pferde im letzten Winter alle geschlachtet wurden, weil wir hungerten? Inzwischen habe ich das Reiten verlernt.«

Auch Ogla hatte den Hungerwinter noch nicht vergessen. Von sechs Pferden waren nur die braune Stute und Schwarzes Schaf übri geblieben. Mit traurigen Gedanken machten sich die Mädchen auf den Heimweg.

Am anderen Morgen kam der Häuptling in das Tipi des Großvaters und setzte sich ans Feuer. »Du hast mir gestern das Leben gerettet«, bedankte er sich.

Ogla hörte nur diese Worte, dann musste sie nach

draußen, um der Mutter zu helfen. Der Häuptling blieb lange. Als er fort war, rief der Großvater die Mutter und Ogla herein. »Es gibt Neuigkeiten«, sagte er. »Im Soldatendorf ist eine andere Handelsgesellschaft eingezogen. Die Eisenbahn hat sie hergebracht. Die reicht ja schon fast bis zum Soldatendorf. Die Weißen möchten gern Tauschgeschäfte mit uns machen. Doch wer hat schon Felle zu tauschen? Aber zuerst wollen sie uns kennen lernen. Sie haben uns deshalb eingeladen. Wir sollen einen Tanz vorführen und in unseren Festgewändern kommen. Das erzählte jedenfalls der Häuptling.«

Das war nun wirklich etwas Neues. Nicht einmal Zitterespe wusste davon. Aber sobald sie es erfuhr, ging es im Dorf von Mund zu Mund.

Doch die Jäger wollten nichts von den Weißen wissen. »Sie sind schuld daran, dass die Büffel fortgezogen sind. Das Knallen ihrer Gewehre und der Lärm der Eisenbahn haben die Tiere vertrieben. Wir wollen keinen zweiten Hungerwinter mehr erleben.«

Solche Reden hörte Ogla, wenn sie vor dem Tipi saß. Auch heute stickte sie bunte Wollblumen auf weiches Leder. In der Schule hatte sie damit angefangen. Mit Wolle zu sticken war leichter als gefärbte Stachelschweinborsten aufzunähen. Doch nun ging ihr die Wolle aus.

Sie sah auf. Unruhe herrschte ringsum. Viele Familien zogen über Winter fort. Tipis wurden abgebrochen und Pferde beladen. Sogar die Hunde mussten in Beuteln verpackten Hausrat tragen. Es war ein großes Abschiednehmen, denn nur die Alten und Kranken blieben zurück.

Die Hunde bellten, als es in die Prärie hinausging. Dann wurde es still im Dorf.
Außer den Alten und Kranken war auch der Häuptling mit seiner Familie zurückgeblieben. Er hatte sich an die Kost der Weißen und ihren Branntwein gewöhnt. Der Medizinmann mit seiner kranken Frau war noch da und Taki und Nayo mit ihrem kranken Vater.
Ogla freute sich, dass die Freundinnen blieben. Sie spielten neben ihrem Tipi mit Gelbem Hirsch, dem Sohn des Medizinmannes. Der ließ gerade ein Rädchen auf dem glatten Boden dahin rollen. Taki und Nayo versuchten, den Wurfpfeil zwischen die Speichen zu werfen. Aber sie hatten kein Glück. Gelber Hirsch fragte: »Wo ist denn Ogla? Sie trifft doch fast immer.«
Ogla hörte, wie Nayo antwortete: »Ogla kann doch nicht mehr mitspielen. Du weißt doch . . .«
Da fiel es Gelbem Hirsch wieder ein. »Ach ja, sie hat einen schlimmen Fuß.«
Die Freunde hatten Ogla nicht bemerkt. Sie sahen auch nicht, dass ihre frühere Gefährtin ins Zelt schlich um die Tränen zu verbergen.
In der Nacht träumte Ogla. Sie saß auf einer braunen Stute und ritt irgendwohin. Plötzlich kam sie auf einen großen runden Platz. Ringsherum standen nur Pferde. Wo die Sonne unterging, hielten schwarze Ponys. Sie trugen Halsketten aus Büffelhufen, außer einem, das eine helle Mähne hatte. Im Norden standen weiße Pferde mit Mähnen weiß wie Schnee. Wo die Sonne aufging, standen fuchsrote Pferde mit Halsketten aus Hirschzähnen. Wo die

Sonne am Mittag anhielt, stand Ogla selbst und um sie herum waren lauter rehbraune Ponys.
Da kam ein schwarzes Pony angelaufen. Die untergehende Sonne schien auf seine helle Mähne. Es wedelte mit seinem golden leuchtenden Schweif und sagte: »Fasse Mut! Wechsle das Pferd. Steig auf meinen Rücken!«
Ogla gehorchte. Das Pony mit der hellen Mähne trug sie in Windeseile davon. Es rannte unter einem Baum durch – doch da fegte ein niedriger Ast sie aus dem Sattel.
In diesem Augenblick erwachte Ogla. Sie rieb sich die Augen. Neben ihr stand der Großvater. »Beinahe wärst du von deinem Schlaffell gerollt! Die Sonne steht schon hoch. Wollen wir nicht ausreiten?«
»Ach ja, mit Schwarzem Schaf. Das ist jetzt mein einziger Spielgefährte!«

Der Bärentanz

Der Monat »Wenn-dem-Büffelkalb-die-Haare-wachsen« war vorüber. Die wenigen Männer des Dorfes gingen jeden Tag auf die Jagd. Aber umsonst: Keine versprengte Herde, nicht einmal einzelne Büffel wurden gesichtet. Das Gespenst des Hungerwinters ging auch bei den Zurückgebliebenen um.

Die Frauen suchten die letzten Beeren und gruben die übrig gelassenen Prärierüben aus. »Ihr müsst auch die Vorratsgruben der Präriehunde leeren«, riet der Häuptling den Kindern.

»Nein, das tue ich nicht«, widersetzte sich Ogla.

Dafür grub Tolles Pferd umso fleißiger die Baue der kleinen Nagetiere aus. Am Abend verteilte er die gesammelten Nüsse, Bohnen, Beeren und Samen. So kam er auch zu dem Tipi des Großvaters.

»Warum hilft Ogla nicht mit?«, wollte er wissen.

Es antwortete jemand, den Tolles Pferd hier nicht vermutete: Gelber Hirsch, der Sohn des Medizinmannes. Er rieb gerade Oglas Fuß mit Salbe ein. »Im vorigen Herbst haben Ogla und ich die Vorratsgruben der Präriehunde ausgeräumt. Wir hatten damals weder Mais noch Speck. Deshalb konnten wir den Tieren nichts zurückgeben. Es ist schlecht ihnen alles wegzunehmen ohne eine Gegengabe. Zur Strafe haben die Präriehunde Ogla in ein Loch einbrechen lassen. Du siehst ja, ihr Fuß ist noch immer nicht in Ordnung!«

Tolles Pferd machte ein ungläubiges Gesicht und lachte.

»Pass nur auf, dass es dir nicht ebenso ergeht!«, meinte Gelber Hirsch. »Außerdem helfe ich nicht mehr bei der Kinderarbeit«, fügte er hinzu. »Seit dem Tanzfest gehöre ich zu den Erwachsenen!«

Ogla fiel es wieder ein: Gelber Hirsch war einer der zwölf Tänzer gewesen. Tolles Pferd wusste keine Antwort und verschwand. Ogla atmete auf.

»Tolles Pferd hat dich damals gestoßen. Aber auf deinem Bein sieht man keine Flecken mehr«, stellte Gelber Hirsch fest. Er blieb noch eine Weile und erzählte von den neuen Handelsleuten.

»Die Weißen wollen den Bärentanz sehen. Du weißt ja, dass der Bär für den Medizinmann ein heiliges Tier ist. Wir tanzen ihm zu Ehren und bitten um Gesundheit für unsere Kranken. Es nehmen nur Männer daran teil. Frauen dürfen nur mitmachen, wenn sie einen Bärennamen haben. Sie schlüpfen in ein Bärenfell und verkriechen sich in die Hütte, die in der Mitte der Tänzer steht.«

Hier unterbrach die Mutter. »Ja, das weiß ich auch. Sobald die Männer um die Hütte herumtanzen, stürzt die Bärin hervor und verprügelt die Tänzer mit einem Knüppel. Keiner darf sich ihrer Hütte nähern, sonst setzt es Hiebe! Und dann laufen sie alle fort!«

»Aber weißt du auch, dass keiner der Davonlaufenden stolpern oder gar hinfallen darf? Das bedeutet nämlich seinen baldigen Tod!«

Ogla machte ein erschrockenes Gesicht. »Was? Dann darf der Großvater nicht mittanzen!«

Gelber Hirsch beruhigte die Zuhörerin. »Diesmal ist meine Mutter die Bärin. Der Häuptling will es so und sie möchte ja gern wieder gesund werden. Es wird schon kein Tänzer hinfallen.«

Am nächsten Morgen brach alles rechtzeitig zum Soldatendorf auf. Zuerst Kleine Bärentochter, die kranke Frau des Medizinmannes, mit dem Medizinmann und Gelbem Hirsch. Dann der Häuptling mit seiner Familie. Auch der Großvater bemalte sich. »Es sind nur wenige Tänzer, da darf ich nicht fehlen«, meinte er und ritt fort.

Die Sonne kletterte zur Mittagshöhe und stieg wieder herunter. Der Großvater kam nicht. Ogla begann sich zu ängstigen. Die Mutter redete in einem fort vor sich hin: »Wenn der Großvater stirbt, dann sorgt niemand mehr für uns.«

Schließlich bat sie Ogla, mit Schwarzem Schaf zum Soldatendorf zu reiten. »Sieh nach, ob der Tanz noch immer nicht zu Ende ist.«

Ogla pfiff Schwarzes Schaf heran. Die Mutter half ihr in

den Sattel. Die Reiterin feuerte das Pony zur Eile an. Bald sah sie die langgestreckten Häuser vor sich auftauchen. Vor dem Tor band sie Schwarzes Schaf an einen Zaun und betrat den Hof. Sie drängte sich durch das Gewimmel der Zuschauer, bis sie den freien Platz in der Mitte übersehen konnte.

Gerade tanzte der Großvater zum Klang von Trommel und Rassel auf die Hütte zu.

Ogla atmete auf. Der Großvater tanzte mit ruhigen Schritten. Nein, bis jetzt war ihm noch nichts zugestoßen. Die Hütte bestand aus Zweigen. Sie hatte vier Türen, eine nach jeder Himmelsrichtung.

Jetzt kam aus der westlichen Tür ein Bärenkopf hervor. Darüber thronte ein Federkranz, von der Sonne hell beschienen. Nun trat die Bärin ganz aus der Hütte ins Licht.

Ogla sah, dass sie mit der einen Hand das Bärenfell fester um sich zog, als fröstelte sie. Dabei entfiel ihr die Rassel. In der anderen Hand hielt sie den geschmückten Stock.

Sah der Großvater die Bärin nicht? Jetzt kam er ganz nah an die Hütte heran.

Ogla zitterte. Gleich würde ihn die Bärin mit dem Stock niederstoßen. Aber die Bärin rührte sich nicht. Nein, sie hielt sich nur an dem Stock fest.

Der Großvater blieb wie angewurzelt stehen. Die Bärin sank langsam in sich zusammen. Der Stock fiel auf den Boden, die Federn wirbelten umher. Kleine Bärentochter war ohnmächtig geworden.

Der Großvater konnte sie gerade noch auffangen. Der

Medizinmann und Gelber Hirsch eilten herbei und trugen die Kranke fort.
Die Zuschauer begriffen nicht, was vorging. »Zu Ende«, sagten sie und zerstreuten sich allmählich. Ogla drängte sich in dem Menschenstrom dem Tor zu. An der Wand sah sie ein Plakat hängen, vor dem eine Menge Kinder

standen und aufgeregt durcheinander redeten. Zwei Pferde waren auf dem Blatt abgebildet: ein braunes mit einem weißen Kind als Reiter und ein weißes mit einem braunen Kind. Ogla buchstabierte die Schrift darunter:

GROSSES KINDERWETTRENNEN
AM NACHMITTAG NACH VOLLMOND.
ES WIRD HOCH GEWETTET.
DIE RENNSTRECKE BETRÄGT 400 SCHRITT.
ALLE OGLALA-KINDER SIND EINGELADEN!

Ogla flimmerte es vor den Augen. »Alle Oglala-Kinder sind eingeladen!« Dann war sie ja auch eingeladen! Ob wohl jedes Kind mitreiten durfte? Wo war nur der Großvater? Endlich fand sie ihn. Auf dem Heimweg erzählte sie von dem Plakat. Der Großvater hatte es auch gesehen. Er machte ein ärgerliches Gesicht. »Davon hat mir der Häuptling nichts gesagt.«

»Darf ich mitreiten?«

»Ich glaube, der Häuptling hat schon alles mit den Weißen verabredet«, murmelte der alte Mann.

Ogla verstand nicht. Sie fragte noch mal: »Dürfen da alle Kinder mitreiten, die ein eigenes Pony haben?«

»Ich weiß es nicht«, wehrte der Großvater ab.

In tiefen Gedanken kam Ogla nach Hause. Beim Absteigen schaute der Großvater zum Himmel. »Siehst du, der Mond ist fast voll. Übermorgen ist das Rennen!«

Im Zelt bereitete die Mutter gerade das Essen. Ehe es fertig war, erschien Gelber Hirsch. »Mein Vater lässt dir vielmals für deine Hilfe danken. Der Tanz war für meine Mutter zuviel!«

»Warum musste ausgerechnet deine Mutter die Bärin spielen?«, wollte der Großvater wissen. »Die Frau des Häuptlings heißt doch auch Bärin. Sie wäre zuerst an der Reihe gewesen.«

Gelber Hirsch lächelte. »Das ließ der Häuptling nicht zu. Große Bärin, seine Frau, hat Riesenkräfte. Sie hätte ihren Mann erbärmlich verprügelt, wenn sie ihn vor ihrer Hütte beim Tanz erwischt hätte. Ihr wisst ja, sie ist böse auf ihn, weil er ständig Feuerwasser trinkt. Der Häuptling weiß das auch. Deshalb wollte er nicht.«

Da lachten alle. So endete der aufregende Tag.

Das Pferderennen

In der Nacht hatte es leicht gefroren. Es war noch recht früh, als Ogla aufwachte. Sie hörte etwas neben sich winseln, sah aber nichts. Dann steckte sie den Kopf zum Eingangsschlitz hinaus.
»Der Ausrufer kommt, der Herold kommt«, weckte sie die Mutter. Da schrie der Mann schon. »Heute Nachmittag soll im Soldatendorf ein Pferderennen stattfinden zwischen den Kindern der Oglala und der Weißen. Alle Kinder, die ein Pony besitzen und gut reiten können, sind eingeladen. Es wird hoch gewettet. Wir sollen Felle, Kupferringe, Taschen und Mokassins ins Soldatendorf bringen. Dort werden sie zur Schau gestellt! Die Weißen werden Lebensmittel und wollene Decken als Wetteinsatz bringen!«
Auch der Großvater war durch das Rufen und Schreien wach geworden. Er hörte noch, wie der Ausrufer fortfuhr:

»Zunächst soll alles auf dem Platz vor dem Medizinzelt aufgestapelt werden. Der Häuptling will es besichtigen.«
Eilig wurden Pelze und Handarbeiten zusammengesucht. Der Großvater trug auch die Büffelhäute von der Sommerjagd zum Medizinzelt. Oglas Mutter war es nicht recht. »Wenn die Oglala verlieren, sind wir alles los.«
»Das ist nicht so schlimm. Die Sommerfelle kaufen die Händler ohnehin nicht«, antwortete der alte Mann. Er pfiff vergnügt: »Mein Herz ist im Hochland, mein Herz ist nicht hier!« Dann sang er sogar den Text.
»Woher kennst du das Lied?«, wollte die Mutter wissen. »Etwa von den Weißen?«
»Vom Händler, der hat einen Musikkasten«, warf Ogla dazwischen.
Der Großvater lachte. »Ja, von den Weißen. Meine Mutter sang es immer, wenn sie Heimweh hatte.«
»Dann ist also dein Herz bei den Weißen«, bohrte die Mutter weiter.
»Nein, mein Herz ist bei den Oglala«, versicherte der Großvater. »Und die Oglala-Kinder werden beim Wettrennen gewinnen!«
Die Mutter schüttelte den Kopf. »Die Weißen haben bessere Pferde.«
Ogla wusste nicht, wem sie glauben sollte, und sah von einem zum anderen.
»Flicht Schwarzem Schaf wieder Zöpfe, so wie neulich«, forderte sie der Großvater auf. »Später ziehen wir unsere guten Kleider an und reiten beizeiten zum Soldatendorf!«
Als Ogla hinausging um Schwarzes Schaf zu holen, trat sie

beinahe auf ein Stachelschwein. Es hatte sich vor der Nachtkälte unter den Zeltrand geflüchtet. Jetzt konnte sich Ogla das Winseln erklären: Junge Stachelschweine winseln bei Kälte. »Ein winselndes Stachelschwein bringt Glück«, sagte die Mutter immer. Ob es stimmte?

Die Mutter blieb zu Hause. »Ich will nicht mit ansehen, wie die Weißen gewinnen«, meinte sie mürrisch.

Doch die meisten Oglala machten sich frühzeitig auf den Weg zum Soldatendorf. Als der Großvater auf seiner Stute und Ogla auf ihrem Pony dort angekommen waren, sagte er: »Steig ab und setz dich auf die Stute. Ich werde Schwarzes Schaf am Zügel führen, damit es sich ausruht.«

Vor dem Toreingang hing jetzt ein neues Schild:

KINDER-WETTRENNEN!
BRAUNES KIND: TOLLES PFERD AUF APFELSCHIMMEL
WEISSES KIND: RICHARD AUF SCHWALBE

»Dann ist ja schon entschieden, wer von uns reitet«, sagte Ogla enttäuscht. Der Großvater antwortete nicht. Er pfiff wieder vor sich hin.

Die Rennbahn begann unmittelbar bei dem Tor und führte fast bis zum Milchfluß. Sie war von Steinen gesäubert. An beiden Seiten standen Geländer, damit die Reiter nicht von der Bahn abkamen.

Die Oglala hatten sich auf der linken Seite der Rennbahn niedergelassen. Das war ihre Seite. Links vom Tor lag auch ihr ganzer Wetteinsatz: Felle, bunt gestickte Ledertaschen, Bogen und Pfeile.

Auf der rechten Seite des Tors lag alles, was die Weißen als Wetteinsatz gebracht hatten: Säckchen mit Mehl, Mais, Graupen, Zucker, Salz, Kaffee; Messer, Scheren, Nadeln, Decken und Wollgarn.
Neugierig gingen die Oglala um den Stapel herum und nickten beifällig. »Das reicht uns für den ganzen Winter«, meinte der Großvater. Ogla hörte nicht zu. Sie hatte von ihrem hohen Sitz auf der Stute sogleich das Wollgarn entdeckt. Damit konnte sie zehn Ledertaschen besticken. Wenn nur die Oglala das Rennen gewannen!
Die Weißen reihten sich an der rechten Seite der Rennstrecke auf. Ogla traute ihren Augen nicht. Die neuen Handelsherren trugen feine blaue Tuchanzüge mit langen Schößen und hohen Kragen, dazu Kniehosen. Ihre Messingknöpfe blinkten in der Sonne, weiße Hemden und schwarze Krawatten guckten hervor. Ihr langes Haar war lockig frisiert.
Zwischen ihnen erschienen jetzt Männer in schwarzen Anzügen mit Messern im Gürtel. Auf ihren Köpfen thronten Fuchsfelle, deren Schwänze hinten herunterhingen.
»Das sind ehemalige Soldaten«, erklärte der Großvater. »Sie sind jetzt Hausverwalter, Buchführer und Handwerker. Sieh, da kommen auch die Händler aus den Blockhäusern.«
Ein Hornsignal riss Ogla aus ihrem Staunen. Tolles Pferd erschien auf seinem Apfelschimmel am Start, neben ihm ein weißer Junge auf einer rotbraunen Stute.
Das war also die »Schwalbe«! Sie hatte federnde, schlanke

Beine und funkelnde Augen und sie scharrte ungeduldig, als könne sie das Rennen gar nicht abwarten. Die Mutter hatte recht. Die Weißen besaßen die besseren Pferde. Was für dicke, schwere Füße hatte der Schimmel von Tollem Pferd!

Da ertönte ein zweites und ein drittes Signal. Die Pferde sprangen an und rasten davon. Ogla ritt hinter den Zuschauerlinien das Rennen mit. Die Leute schrien und winkten. Wer würde siegen?

Sie sah, wie Tolles Pferd seinen Schimmel mit einem Knüppel schlug und zur Eile anspornte. Der Schimmel tat sein Bestes. Dann aber galoppierte er seitlich am Ziel vorbei und raste fast bis an das Ufergebüsch des Milchflusses. Kurz davor bäumte er sich auf und warf seinen Reiter ab.

Tolles Pferd schoss einen Purzelbaum und lag im Gras. Der Schimmel blutete und lahmte. Für ihn und seinen Reiter war das Rennen zu Ende.

Ein großes Durcheinander entstand. Ogla hörte, wie die Leute schrien: »Wer hat denn nun gesiegt? Das Rennen gilt nicht!«

Schließlich einigte man sich. »Wir fangen noch einmal an.«

Es gab eine lange Pause, bis man sich am Start auf einen neuen Reiter einigte.

Der Häuptling schlug vor, Gelber Hirsch solle auf seinem Schecken starten. Aber Gelber Hirsch wollte nicht. »Ich bin ein schlechter Reiter, außerdem gehöre ich schon zu den Erwachsenen!«

Da riefen Taki und Nayo plötzlich: »Ogla soll reiten! Ogla

soll reiten!« Und alle Kinder fielen ein: »Ogla soll reiten!« Widerwillig stimmte der Häuptling zu.

Wie im Traum ritt Ogla zum Start. Dort wartete schon der Großvater mit Schwarzem Schaf. Er hob seine Enkelin von der Stute herunter und half ihr auf das Pony.

Nun hielt sie am Startpfahl, an dem ein Fähnchen flatterte. Neben ihr stand ein großes graues Pferd. Darauf saß ein weißer Junge. »Ich heiße John und mein Hengst heißt Arthur! Wie heißt du?«

Aber da verkündete der Ausrufer: »Ein neues Rennen beginnt. Es reiten John auf Arthur und Ogla auf Schwarzem Schaf!«

Die Weißen brüllten vor Lachen. »Schwarzes Schaf! Das ist der richtige Name! Seht nur, was für ein Pony! Es sieht wirklich aus wie ein Schaf!«

Die Oglala sagten nichts. Auch der Großvater betrachtete besorgt den Hengst Arthur, der seinen Kopf hochwarf und stolz auf das Schafspony herabblickte.

Dann ertönte das Signal und die Pferde liefen los. Zuerst lag Arthur in Führung. Die Zuschauer feuerten ihre Reiter an. Alles fieberte dem Ziel entgegen. Ogla hörte im Dahinfliegen Takis und Nayos Stimmen. Sie presste ihre Schenkel an das Pony und beugte sich so weit wie möglich nach vorn. Um Halslänge siegte Schwarzes Schaf vor Arthur. Diesmal gab es keinen Zweifel.

Die Oglala stimmten ein Siegesgeschrei an.

Aber die Weißen wollten es nicht glauben. »Das ist bestimmt nicht mit rechten Dingen zugegangen«, meinten sie. »Wir wollen eine Wiederholung!«

Der Häuptling zögerte. Da verdoppelten die Weißen den Einsatz. Die Oglala willigten schließlich ein. Langsam kehrten die Reiter mit ihren Pferden zum Start zurück. Der Großvater flüsterte Ogla etwas ins Ohr und streichelte Schwarzem Schaf den Hals.
Wieder ertönte der Hornruf. Auch jetzt lag Arthur zuerst in Führung. Doch nach der Hälfte der Strecke stieß Ogla einen Pfiff aus und Schwarzes Schaf überholte das Pferd der Weißen. Diesmal hielt das Pony bereits am Ziel, als der Hengst noch zehn Schritt davon entfernt war. Die Siegesstimmung der Oglala entlud sich in Freudenrufen. Ihr »Yuhu« und »Oh hai« schallte weit in die Prärie hinaus.
Die Weißen ärgerten sich. »Dieses dumme Schafspony narrt uns. Das lassen wir uns nicht gefallen. Wir wollen ein drittes Rennen!«
Der Großvater und der Häuptling sahen auf die erschöpfte Ogla und auf Schwarzes Schaf, dessen Fell dampfte. »Nein«, sagten sie. Dann einigte man sich zunächst auf eine längere Pause.
Für die Kinder war ein Tisch gedeckt. Es gab Apfelauflauf und Rosinenpudding. Während John so viel verschlang, wie er konnte, aß Ogla langsam. »Davon werde ich noch lange träumen«, sagte sie.
Die Kinder hatten zum Essen und Ausruhen genug Zeit. Denn Zeit ließen sich auch der Häuptling und der Großvater mit ihrer endgültigen Antwort an die Weißen. Die Siegesstimmung der Oglala hatte noch nicht nachgelassen. Sie sangen ein Lied aus alten Zeiten.

Zwanzig Ponys hat mein Vater,
eins davon hab ich.
Zwanzig Büffel schießt mein Vater,
einen kriege ich.
Zwanzig dicke Bärenpelze
bringt er auch nach Haus!
Einen nehme ich als Lager
um des Nachts darauf zu schlafen.
Einen anderen als Sattel
um darauf hinauszureiten
in die Ferne, in die Weiten,
da, wo Wind und Wolken streiten!
Trab, mein Pferdchen, trab!

Der Großvater kümmerte sich inzwischen um Schwarzes Schaf. Er rieb das Pony trocken und gab ihm zu trinken. Der Hengst Arthur stand schon am Start, als man immer noch verhandelte. Der Häuptling hatte seine Federkrone mit der Schleppe aus Adlerfedern angelegt. Bewundernde Blicke folgten ihm. Endlich verkündete er: »Die Oglala sind zu einem dritten Rennen nur bereit, wenn die Weißen den Einsatz vervierfachen!«

Da murrten einige und rieten zum Abbruch. Doch die Menge glühte vor Wettfieber und bestand auf einem dritten Rennen. Schließlich befahlen die Handelsherren die geforderten Mengen an Lebensmitteln herbeizuschaffen.

Ogla erschien wieder auf Schwarzem Schaf. John bestieg zum dritten Mal seinen Arthur. Das Signal ertönte und der

Wettlauf begann. Alle verfolgten das Rennen in höchster Erregung. Die Oglala schienen halb wahnwitzig vor Begeisterung.
Beide Pferde liefen zunächst Kopf an Kopf. Hinter ihnen wirbelte eine Staubwolke. Der Großvater wartete am Ziel. Er sah, wie Ogla sich über Schwarzes Schaf beugte und wie das Pony die Ohren spitzte. Warum pfiff Ogla nicht?

Da pfiff er selbst, laut und durchdringend. »Ogla, Ogla«, feuerten die Kinder ihre Reiterin an.
Den Zuschauern stockte der Atem. Schwarzes Schaf begann zu galoppieren, zu rasen und dahinzufliegen wie der Wind! Nur mit Mühe konnte der Großvater das Pony am Ziel zum Stehen bringen. Es war ein Sieg wie nie zuvor.
Die Weißen standen wie erstarrt. Sie brauchten Zeit um

ihre Sprache wiederzugewinnen. Der Häuptling trug Ogla auf den Schultern an den Zuschauern vorbei. »Von heute ab heißt du ›Fliegende Reiterin‹!«
Ogla strahlte. Nun hatte sie einen zweiten Namen und »Fliegende Reiterin« fand sie noch viel schöner als »Flinkes Wiesel«.
Die Zuschauer winkten und schrien durcheinander. Zitterespes Stimme übertönte alle: »›Fliegende Reiterin‹! Ich hab's ja gleich gewusst!«
Hinter Ogla kam Schwarzes Schaf, geführt vom Großvater. Die Oglala tanzten vor Freude und sangen. Nur Tolles Pferd stand abseits. Er konnte nicht begreifen, dass Ogla mit Schwarzem Schaf gesiegt hatte. Ein hinkendes Mädchen und jetzt diese Ehrung!
Am Start, bei dem gewonnenen Berg mit Lebensmitteln, setzte der Häuptling Ogla ab. Der Großvater sagte leise zu ihr: »Du bist jetzt reicher als die dritte Schwester im Märchen, das Rotkehlchen! Wir können die vielen guten Dinge nicht allein gebrauchen. Was wir nicht nötig haben, geben wir den anderen.«
Dann bepackte er die braune Stute, bis nichts mehr auf ihren breiten Rücken ging. Alles Übrige verteilte er zusammen mit dem Häuptling. Nur das bunte Wollgarn steckte Ogla schnell in die Tasche.
Die Pferde hatten so viel zu tragen, dass die Reiter zu Fuß gingen. Nur Ogla ritt auf Schwarzem Schaf. Gelber Hirsch führte das Pony am Zügel.
»Nun gibt es keinen Hungerwinter«, freute sich Gelber Hirsch. »Hörst du, wie die Präriehunde bellen? Sie ärgern

sich über ihre zerstörten Vorratskammern. Dabei wäre es gar nicht nötig gewesen.«

»Gut, dass wir nicht geholfen haben«, antwortete Ogla. »Alles, was Tolles Pferd uns gebracht hat, werden wir wieder zu den Präriehunden tragen.«

»Heute noch?«, fragte Gelber Hirsch. Oglas Antwort konnte er nicht mehr verstehen. Sie waren zu Hause angekommen und dort redeten nun alle auf sie ein.

Der Großvater lud erst einmal die Stute ab. Gelber Hirsch half ihm dabei. Ogla blieb auf Schwarzem Schaf sitzen. Sie schlief halb und hatte ihre Arme um den Hals ihres Pferdchens geschlungen. Dann hörte sie die Stimme von Gelbem Hirsch: »Ogla, wach auf! Wir wollen doch zu den Präriehunden. Ist es deiner Mutter recht, wenn ich vorher mit in euer Tipi komme?«

»Meiner Mutter ist es recht«, murmelte Ogla im Halbschlaf. »Sie hält dich für den Unsichtbaren und mich für das Rotkehlchen.«

Gelber Hirsch lachte. »Ogla träumt«, sagte er zum Großvater.

Da nahm der alte Mann seine Enkelin vom Pferd und trug sie ins Zelt zur Mutter.

Nachwort

Liebe Kinder,
nun wollt Ihr sicher wissen, was wahr ist an dieser Geschichte.
Die Oglala haben wirklich gelebt und berühmte Häuptlinge gehabt. Auch jetzt gibt es noch einige Nachkommen von ihnen. Nur haben diese heute die amerikanische Staatsbürgerschaft und üben einen ganz normalen Beruf aus. Sie sind nicht mehr frei umherschweifende Jäger.
Unsere Geschichte spielt nach 1865. Damals bauten die Weißen eine Eisenbahn quer durch die Prärie. Mit ihr kamen noch mehr Jäger und Händler. Die alten Festungen, in denen früher die Soldaten wohnten, wandelten sich in Handelsposten.
Wahr ist auch, dass die Weißen auf ihren einsamen Stationen zu ihrer Unterhaltung Pferderennen veranstalteten. So wird uns berichtet, dass sie Vollblutpferde mit

armseligen Indianerponys um die Wette laufen ließen und dabei mehrere Male verloren. Doch im Glauben an den Schlusssieg erhöhten sie ihren Einsatz ständig, zuletzt auf das Vierfache. Wenn dann wider Erwarten das indianische Schafspony im letzten Lauf gewann, waren sie fassungslos.

Eure Anna Jürgen

Worterklärungen

Bärentanz und Büffeltanz:

Waren die beliebtesten Tänze der Prärieindianer. Die Teilnehmer erschienen in Bären- oder Büffelmasken und ahmten die Bewegungen der Tiere nach.

Büffel:

Im Deutschen üblicher Name für den amerikanischen Bison. Dieses Wildrind wird bis zu drei Meter lang und bis zu zwanzig Zentner schwer. Die Indianer erlegten nur so viele Tiere, wie sie brauchten. Als die Weißen Schusswaffen einführten, wurden die Bisons von ihnen nahezu ausgerottet. Jetzt stehen sie unter Naturschutz.

Huch:

Ausdruck der Zustimmung. Der indianische Kehllaut am Schluss wird auch mit g oder k wiedergegeben.

Medizinmann:

Bewahrer der Stammesbräuche, der auch ärztliche Dienste versieht.

Mokassin:

Aus Büffel- und Hirschleder genähter Schuh. Meist mit farbigen Stickereien aus Stachelschweinborsten verziert.

Oglala:

Teil der Teton-Sioux. Zur Büffelzeit reine Reiternomaden, die ihren Mais von Ackerbau treibenden Stämmen wie den Pani eintauschten. Die Babys sind hellhäutig und werden später braun. Die rote Hautfarbe kommt wie bei allen Indianern nur durch Salbe und Schminke zu Stande.

Pemmikan:

An der Luft getrocknetes, klein geklopftes Büffelfleisch. Mit Beeren und Fett in Lederbeuteln gefüllt diente Pemmikan als sehr lange haltbare Kraftnahrung.

Pokewurzel:

Kriechpflanze. Den Saft der Beeren und Wurzeln benutzten die Indianer als roten Farbstoff.

Stachelschweinborsten:

Man färbte die langen Spieße des Stachelschweins bunt und vernähte sie dann als Verzierung auf Leder. Mokassins, Gürtel, Taschen und Kleider wurden mit bestimmten Mustern bestickt.

Tipi:

Stangenzelt mit einer ledernen Plane. Je nach Größe wurde die Zeltplane aus acht bis sechzehn Büffelhäuten zusammengenäht. An der Spitze war eine Öffnung, die den Rauch des Kochfeuers durchließ. Eine verstellbare Lederklappe verhinderte, dass der Wind den Rauch in das Zelt drückte.